TOULOUSE-LAUTREC

CE VOLUME A ÉTÉ ACHEVÉ EN OCTOBRE M.CM.XXVII, LA GRAVURE
DES PLANCHES PAR LA SOCIÉTÉ DE GRAVURE ET D'IMPRESSION D'ART
A CACHAN, LE TEXTE PAR F. PAILLART, A ABBEVILLE (SOMME).

TOULOUSE-LAUTREC

PAR

PAUL DE LAPPARENT

*40 planches hors-texte
en héliogravure*

LES ÉDITIONS RIEDER

7, *Place Saint-Sulpice*, 7

PARIS

M.CM.XXVII

TOULOUSE-LAUTREC

Aux plus beaux jours de l'impressionnisme, alors que Claude Monet, Sisley, Pissarro et tant d'autres installaient leur chevalet en plein air et traduisaient dans leurs tableaux la douceur et la lumière sur les champs, un peintre, tout en se réclamant de leurs théories, se calfeutrait dans l'ombre de la ville, à Montmartre, et, de cet observatoire, étudiait les passants : non pas la lumière qui les éclairait, mais leurs traits et surtout ceux qui révélaient leur caractère.

Ce peintre paraît, en ces jours, une anomalie. Il est vrai qu'il ne pouvait courir les champs à la recherche du motif : ses jambes atrophiées ne le lui permettaient pas.

Henri de Toulouse-Lautrec-Monfa, né à Albi le 24 novembre 1864 du mariage de deux cousins germains, Alphonse de Toulouse-Lautrec-Monfa et Adèle Tapié de Celeyran, descendait des comtes de Toulouse qui régnèrent sur l'Albigeois et dont plusieurs épousèrent des princesses de sang royal. Guerriers ou chasseurs, ses ancêtres avaient mené une vie toute d'activité physique. Il aurait bien voulu faire comme eux, comme son père, grand cavalier, et un des derniers adeptes de la fauconnerie. Mais il avait une santé débile, une ossature fragile.

Dans les différentes résidences de sa famille, à Albi, au château du Bosc (près d'Albi), au château de Malromé (près de Bordeaux), à Celeyran (près de Narbonne), il commença ses études sous la direction de sa mère, qui était fort instruite et savait le latin.

En 1872, son père, désirant se rapprocher de l'Orléanais où il avait des chasses, s'installa à Paris et le mit au lycée Fontanes.

Sa famille avait trouvé une maison avec atelier dans la cité du Retiro (à l'angle du faubourg Saint-Honoré et de la rue Boissy d'Anglas). Dans l'atelier, le comte de Toulouse-Lautrec faisait du modelage et élevait divers animaux. Tous les matins, il se promenait à cheval. Mais, comme il voulait prendre son petit déjeuner au Bois de Boulogne, il avait imaginé de monter une jument laitière. Près de la Cascade, il déballait une tasse, trayait sa jument et, assis sous un arbre, trempait un croissant dans le lait...

Au rebours des parvenus, qui tremblent que leurs actes soient interprétés de travers et se demandent sans cesse : « Si je fais ceci, que dira-t-on ? » il faisait simplement, sans pose, ce qu'il lui paraissait commode. On l'a vu, un matin, mécontent de la façon dont la blanchisseuse avait lavé ses chaussettes aller les relaver lui-même dans le ruisseau de la rue Boissy d'Anglas.

Les jeunes élégants peuvent rire. Ridicule, le comte de Toulouse-Lautrec ? Gentilhomme de grande allure, au contraire. Son fils nous le montre (planche 26) droit, portant haut la tête et rebroussant sa barbe drue d'un geste si sculptural qu'on s'écriait : « Un Rude, un vrai Rude ! »

Il n'avait rien d'un freluquet.

Il était grand chasseur, mais, aussi, très artiste. Il avait loué en Sologne une chasse au gibier d'eau. Un jour qu'il en faisait les honneurs à un de ses amis, comme celui-ci épaulait son fusil : « Arrêtez ! Ne tirez pas, je vous en prie ! Vous pourriez effrayer ces oiseaux. Ils ne reviendraient plus. Et c'est tout mon plaisir de les voir voler au-dessus de ces étangs ».

L'originalité du père explique celle du fils. Elle n'exclut pas l'intelligence.

En juillet 1874, l'enfant remporte de nombreux prix. Mais l'existence agitée de ses parents, qui se déplacent continuelle-ment de Paris en Orléanais, en Narbonnais, à Nice, au châ-teau de Malromé et à Albi, les oblige à le retirer du lycée ; et sa mauvaise santé les engage à le faire soigner à Amélie-les-Bains.

Ses os ne se consolident pas et, à Albi, en 1878, il se casse une cuisse en glissant sur le parquet ciré. On le mène à Barèges. Là, l'année suivante, il roule dans le lit d'une ravine sèche, et voilà l'autre cuisse cassée ! Tandis que sa mère court chercher un chirurgien, l'enfant, assis par terre, maintient sa jambe entre ses deux mains pour empêcher les os de se déplacer, et attend dans cette position, sans une larme, sans une plainte.

Ses fractures se raccommodent mal et la croissance des jambes est arrêtée.

Son intelligence, cependant, se développe. Sa mémoire se meuble.

Les séjours qu'il fait à la campagne ne le charment pas, mais au contraire, avivent ses regrets. Il voit partir ses cousins avec piqueurs et chiens et ne peut les suivre.

Alors , il dessine. Il dessine avec ardeur, avec rage.

Il a eu les conseils d'un ami de son père, du peintre animalier Princeteau. Avec lui, à Paris, il ira souvent au cirque et au Jardin des Plantes, observer et dessiner. Il avait vu son père modeler des statuettes de chevaux et de chiens. Son oncle Charles de Toulouse-Lautrec, qui fut son confident et son correspondant, s'adonnait, lui aussi, à l'Art et faisait de la peinture.

Pascal a dit que le malheur des hommes venait de ce qu'ils ne savaient pas rester tranquillement dans leur chambre. Ils vont à la guerre ou en voyage. Ils ne méditent pas.

Toulouse-Lautrec a dû à son infirmité de ne pas gaspiller son attention en démarches inutiles.

Pourtant, s'il avait été valide, n'aurait-il pas fait comme les autres peintres de cette époque, couru les champs et interprété le plein air ? Non. Il nous en avertit lui-même : « Dire que si mes jambes avaient été un peu plus longues, je n'aurais pas fait de peinture ! » Il aurait été soldat ou chasseur.

De ses déceptions, il conçoit l'horreur de la campagne et le mépris du paysage. Il ne s'intéresse qu'aux êtres animés.

Sa vocation de peintre était évidente. Dès son enfance il couvrait de dessins les marges, les blancs de ses cahiers. Déjà même, à trois ans, il montrait sa préoccupation : après un baptême, comme sa famille se rendait à la sacristie pour les signatures : « Je veux signer aussi, dit-il. — Mais tu ne sais pas écrire. — Eh bien, je dessinerai un bœuf. »

Aussi ne dut-on pas s'étonner lorsqu'il décida de se consacrer entièrement à son Art.

N'importe ! L'annonce d'une telle vocation dans une famille de « la bonne société » tombe comme une tuile. « Ce n'est pas une carrière. — Il ne gagnera pas sa vie. — Il va fréquenter des modèles ! — S'il veut se marier, quelle famille l'acceptera ? » Voilà ce que pensaient les gens « bien posés » à la fin du siècle dernier.

Il est vrai que, dans le cas de Lautrec, plusieurs de ces objections tombaient. Le métier de peintre était pour lui, sinon une carrière (quelle carrière aurait-il pu suivre ?), du moins une occupation. — Il n'avait pas besoin de gagner sa vie. — Quant à le marier, on n'y songeait pas.

Il n'y avait donc pas lieu de faire de l'opposition à la volonté de l'enfant. Néanmoins, attention ! Il montre de l'initiative, témoignage d'une énergie qui peut le porter à des actes extraordinaires, comme la vapeur ou l'électricité portent des machines dangereuses. On s'en sert. On les craint. Il faut les diriger.

On exigea donc qu'il suivît les leçons d'un Maître reconnu. Et il entra dans l'atelier de Bonnat (1882).

Rien de plus légitime que d'obliger les peintres à apprendre leur métier. Sous peine de buter contre mille obstacles, ils doivent savoir quelles sont les couleurs solides et, parmi ces matières de choix, celles qu'on peut mélanger entre elles sans craindre des réactions chimiques qui en altèreraient la teinte. Ils doivent, en outre, connaître les tons qui, par juxtaposition, s'exaltent. Et les lois de la perspective ! S'ils ne sont pas familiers avec elles, les fautes qu'ils commettront à chaque instant détruiront toute vraisemblance dans leurs constructions. Un peintre qui sortirait de l'École des Beaux-Arts avec de telles connaissances techniques, fort en chimie, en optique et en géométrie, comme un bon élève de mathématiques spéciales, ne manquerait pas d'inscrire sur ses tableaux la mention que gravent les architectes diplômés sur les maisons qu'ils construisent : D. P. L. G.

L'atelier de Bonnat étant dissous, Lautrec passe, en 1883, dans celui de Cormon. Mais il n'y reste pas longtemps.

Il y a loin de l'Art paisible d'un simple bon peintre qui a choisi son métier, sa carrière, pour gagner sa vie, meubler ses journées, à l'Art envahissant, tyrannique, de celui qui dessine avec passion partout, toujours, guette les gestes, les mouvements, scrute les caractères, classe ses découvertes et en nourrit un monument d'année en année plus complet, plus orné, plus parfait.

Une observation incessante. Un travail opiniâtre.

Lautrec infirme agissait par son crayon. Dessiner était son sport, son geste.

Privé des grandes randonnées du paysagiste, n'ayant pas le goût du paysage, il devait se passionner pour l'étude du corps humain. Le nu à l'atelier, comme il l'avait vu chez Bonnat et Cormon ? Non. Le nu agissant. Observer le jeu des muscles, les expressions d'une figure, voilà sa fonction. Il vivra de regarder vivre ses modèles, le geste de son crayon suivant leur geste.

Les gestes sont les manifestations d'une force intérieure qui cherche à se dépenser. Le geste de la main qui tient un crayon est grave : combien livre-t-il de la nature intime du dessinateur ! Watteau trace la courbe harmonieuse d'une joue, d'une taille, d'un mollet : tendresse et mélancolie. L'écrivain essaie de se raconter. Il lui faut trois cents pages. Un simple trait de crayon, et nous connaissons l'auteur.

Un geste !

Comme le plus banal, le moins intellectuel, est encore révélateur !

Regardez les gens attablés au restaurant : la façon dont ils se servent de leur fourchette, dont ils portent le verre à leurs lèvres, vous révèle immédiatement leur éducation, leurs habitudes.

Et les gestes n'indiquent pas uniquement une mentalité, un état permanent, mais aussi un état momentané.

Une jeune fille élégante est en promenade sur une plage. Elle aspire le vent du large, porte haut la tête, tend le jarret. Elle marche d'un pas élastique. Elle pourrait monter à cheval, danser, patiner, manier la raquette de tennis, le fleuret, l'épée. En ce moment, son instrument, c'est le jarret. Plaisir des sports. On devine des réserves de force. Il y a dans sa démarche une verve, un style... Son allure révèle son état d'âme. Elle se livre à son insu.

Un ouvrier terrassier, le soir, quitte le chantier. La musette en bandoulière, il marche d'un pas cahoté parmi les pierrailles. Son allure exprime bien l'épuisement. Il tombe de fatigue.

Sur cette même route rocailleuse, un félin s'avance, souple, fort, prêt à bondir.

Toulouse-Lautrec tient un crayon. Son instrument, c'est une pointe à l'aide de laquelle il suit le contour d'une épaule, d'un bras.

Quelle verve !

Monsieur Fourcade (1889) en habit, traverse un vestibule. Il file. Dans l'inclinaison de son buste, nous lisons la vitesse de sa marche. *Monsieur Louis Pascal* (1893) (Planche 10) s'arrête un instant avant de sortir de l'atelier. *Miss Ida Heat* (1896) (Planche 36) s'immobilise sur une pointe. *Tristan Bernard au Vélodrome* (1895), chez lui, se cale solidement sur ses jambes. Tous ces gestes, notés d'un trait audacieux, sont criants de vérité. Ce qui manquait au corps chétif de Lautrec, son esprit l'avait reçu en abondance. Une force intérieure, qui ne commandait pas à ses jambes, fécondait son cerveau. Un trait de son crayon a une signification profonde.

◙

Le sculpteur Devillez, regardant un jour les portraits gravés à l'eau-forte par Van Dyck, me disait : « C'est brave ».

Il faut de la bravoure pour tracer ce trait au bon endroit dans la page blanche — vertige ! — et lui donner le ressaut nécessaire.

On ne parlera pas de la bravoure du peintre qui barbouille d'abord toute la page et, dans un fouillis de valeurs, fait apparaître vaguement quelques contours, toujours prudemment étayés et comme marchant avec des béquilles. C'est brave, ce trait lancé sans points de repère dans le désert de la page. C'est audacieux comme un raid dans le Sahara, ce trait qui se place tout seul, qui n'est pas la résultante hésitante de quelques faux traits.

Lautrec a lancé son trait à bout de bras, avec une sûreté déconcertante.

Il avait une grande facilité, mais n'était pas superficiel. Ce qu'il dessinait, c'est bien cela qu'il voulait dessiner. Il l'avait vu et senti.

Il a su différencier ses modèles. Il ne donne pas les mêmes mouvements à Yvette Guilbert, à Marcelle Lender, et à Miss Ida Heath, ni le même regard à Guitry et à Coquelin.

Ses maîtres Bonnat et Cormon n'ont pas eu de peine à lui faire admettre la supériorité du dessin sur la peinture. Il avait fait de bonnes humanités. Il prétendait exprimer des idées. Or, le dessin est plus intellectuel que la peinture. Celle-ci se réserve la sensualité.

Nulle part, dans la nature, je ne vois un trait cernant la silhouette des objets, limitant les diverses valeurs.

La limite entre un champ de luzerne et un champ de blé est indiquée par le changement du vert de la luzerne en l'or du blé. Il n'y a pas, d'une borne à l'autre, entre les deux champs, un cordeau, modèle du trait de crayon qui séparera les surfaces des champs dans le dessin. Le trait est une invention de l'esprit qui a besoin d'une classification pour s'y reconnaître, et qui dresse le cadastre du sujet.

La couleur dont Lautrec se sert suffit parfaitement à exprimer sa pensée. Les anciens s'en contentaient.

Les impressionnistes ont apporté la lumière. Un Art sensuel... masquant peut-être la pensée.

Lautrec, selon la tradition classique, a traité la couleur comme un accompagnement. Et sa couleur, qui ne vise pas à l'illusion lumineuse, est toujours un ornement d'une extrême distinction.

L'amertume de son observation se trahit non seulement dans son dessin, mais aussi dans sa couleur. Il y a un certain vert éteint, qui est la couleur d'une fin de journée. C'est amer. Il en use beaucoup. Ce n'est pas l'aimable couleur bleu-vert du crépuscule des belles journées, ni la couleur bleue des fins de jours pluvieux, crépuscules saturés de vapeur, d'un bleu de vitrail. C'est le vert triste des fins de journées sèches, grises, indécises.

L'optimisme n'est pas son fait.

L'optimisme des impressionnistes : des champs de blé dorés sous le ciel matinal, des faucheurs, des lieuses de gerbes ; dans la chaleur de midi, une ferme tranquille ; les instruments attendant dans la cour, les animaux à l'étable ; les poules se faisant un nid dans la poussière et fermant l'œil ; la sieste ; le soir, des jardins embaumés de fleurs.

L'impressionniste, charmé par la beauté du motif, s'empresse de peindre ce qu'il a devant les yeux. Mais, ce qu'il a devant les yeux, cela varie suivant qu'il regarde un peu plus à droite ou un peu plus à gauche. Dans son enthousiasme, il peut manquer de sang-froid et choisir mal son point de vue. La page sera mal meublée. Lautrec, immobile dans son atelier, regarde la toile blanche et veut y créer de la beauté. Il considère d'abord ce rectangle qu'il faut meubler. Il pense. Et la mise en page est toujours particulièrement soignée.

J'aime l'impressionnisme et je suis convaincu que les grands impressionnistes ont été des hommes très intelligents. Mais leur Art n'en donne pas la certitude. On dit que Sisley était très instruit, très fin, raffiné même. Ses paysages sont exquis. Ils me mettent dans un état de béatitude, comme font les beaux spectacles de la nature. Ils ne me font pas beaucoup penser. L'auteur ne paraît guère plus intelligent qu'un objectif photographique. En voyant ses œuvres, on est ravi. Est-on poussé à dire : « Tiens ! Tiens ! » comme si on entendait un mot d'esprit ou une pensée frappante ? Certainement non.

Lautrec a beaucoup de choses à dire. L'interprétation de la lumière ne le préoccupe pas. Il suggère beaucoup de pensées. Je crois apercevoir dans ses tableaux toute une philosophie

de l'existence. Je comprends ce qu'il aime. Je le comprends
par élimination, car ce qu'il déteste saute aux yeux.

◨

Lautrec débute dans la peinture par des morceaux savoureux. L'*Artilleur sellant son cheval* (1879, Musée d'Albi,
N⁰ 63) (Planche 1) est d'un effet frappant, d'une pâte généreuse. On sent que ce débutant a pris plaisir à gâcher les
couleurs sur sa palette, à les triturer, à en essayer l'effet sur
la toile.

D'où tenait-il ce beau métier ? Princeteau le lui avait-il
enseigné ? Était-ce un don naturel ?

Peut-être l'enfant avait-il regardé, au musée de sa ville
natale, une grande vue de Venise par Guardi, tableau exquis,
qu'un peintre contemplerait des heures sans se lasser. Sans
doute, en le voyant, s'est-il promis de peindre avec cette
pâte abondante et intelligente, qui appuie où il faut,
devient de la vieille pierre effritée pour représenter les églises
et, au contraire, s'efface, se dissout dans l'eau du grand canal.
Une telle œuvre peut déterminer la vocation d'un peintre.

L'*Artilleur sellant son cheval* n'est pas précisément un
bon tableau. Les qualités qu'il contient en germe ont besoin
de mûrir, de se faire. C'est du vin de l'année, un peu vert.
Mais j'y reconnais cette grande joie de peindre que je trouve
chez les peintres-nés, chez Manet peignant des natures mortes,
des fruits. Je ne la retrouverai plus, dans l'avenir, chez Lautrec
envahi par l'amertume et préoccupé surtout de dessin expressif.

L'enfant aime le travail et fait son profit de tous les spectacles qui frappent ses yeux. Cette même année 1879, il peint
un *Cavalier de chasse à courre resanglant son cheval*, *Aux
courses de Chantilly*, *Cavalier au Bosc* ; des souvenirs des
grandes manœuvres au Bosc : *Cuirassiers à cheval*, *L'ar-*

tillerie en service en campagne ; des vaisseaux de guerre américains à Nice. En 1881, le *Portrait de M*me *la Comtesse A. de Toulouse-Lautrec* prenant son petit déjeuner, à Malromé. C'est une peinture charmante, jolie de couleur, et d'une facture très libre. En 1881 encore, quantité de vues de Celeyran et *Le viaduc de Castel-Vieil*, vu de la terrasse de l'hôtel de famille où il est né.

En 1882, dans l'atelier Bonnat, il peint des nus ; et, pendant les vacances, en quelques semaines, il dessine au fusain une vingtaine de portraits de parents et d'amis. L'un d'eux, celui du Comte Charles de Toulouse-Lautrec, est au musée d'Albi (Nº 71).

En 1883, dans l'atelier Cormon, il peint un *Sujet mythologique : Icare*, une *Allégorie : le printemps de la vie*, un *Enlèvement*, une *Scène préhistorique*, une *Peuplade primitive*, et exécute une quantité de dessins au fusain, des académies très étudiées. Depuis lors, il se montre plus dessinateur que peintre. Sa pâte est moins généreuse.

Dès 1884, les sujets « vus » reviennent : *Cavalier suivant une chasse à courre, Charrette embourbée.*

En 1885, il peint des portraits : *Carmen, Suzanne Valadon.*

En 1886, le voilà lancé dans les établissements montmartrois : *Au cabaret Bruant, A l'Elysée-Montmartre.* Il peint aussi des danseuses, comme Degas !

Depuis quelques années, la nature n'est plus seule à le diriger. Il a vu des expositions et une influence se manifeste dans la disposition des sujets, dans le choix des couleurs. *Le jeune Routy à Celeyran* (Musée d'Albi, Nº 60) (Planche 4) et *Un travailleur à Celeyran* (Musée d'Albi, Nº 58) (Planche 3), peints en 1882, sont assis sur un talus gazonné. Leur position, le vert de l'herbe, une timide intention de plein air, impressionnisme filtré par l'École des Beaux-Arts, rappellent un peintre qui, à ce moment, était dans toute sa gloire : Bastien-Lepage.

Quant à l'influence de John Lewis Brown, le peintre de chevaux, tous les biographes de Lautrec l'ont signalée. Elle est visible dans le *Mail Coach* (Nice, 1881) (Planche 2) du Musée de la Ville de Paris (Petit Palais).

Lautrec est très doué, mais non pas encore très original. Il se cherche et ne se trouve pas. Il subit docilement les influences. Dans les ateliers de Bonnat et de Cormon, il entend dire qu'il faut dessiner, dessiner toujours. Il va bientôt comprendre que, si l'habitude du dessin est excellente pour la formation du peintre, le dessin parfait est un dessous détestable pour la peinture ; que, le dessin terminé, le tableau est fait ; que le mettre en couleurs ensuite, c'est-à-dire frotter de la couleur entre des lignes invariablement arrêtées est pour un peintre une occupation insupportable ; et qu'il est très difficile de ne pas perdre le dessin sous la pâte, ou de bien conduire celle-ci, en vue du modelé, avec la préoccupation de conserver ce dessin si précieux, qui a donné déjà tant de mal.

▣

Une nouvelle influence se manifeste alors, qui suggère à Lautrec le moyen de surmonter cette difficulté.

Quand il a quitté l'atelier de Cormon, il s'est installé chez un ami, Grenier, 19 bis rue Fontaine, dans l'immeuble même où, au fond d'une allée, Degas avait son atelier. Il est naturel qu'on ait voulu voir l'influence de l'illustre voisin sur Lautrec qui justement abandonnait les sujets préhistoriques. Mais, en revenant aux scènes de la vie contemporaine, il ne faisait que revenir à ses premières amours, contrariées par le passage dans l'atelier Cormon. Plus certainement il accuse l'influence de Degas en imitant sa technique, mais la dernière, violente, hachée. Il n'a jamais peint ses compositions importantes comme Degas peignit, en 1872, *Le foyer de la danse*, en 1873, *Le pédicure*, en 1877, *Les danseuses à la barre*, avec ce beau métier si simple, dégagé de toute théorie. De telles œuvres, dignes des Hollandais, dignes de Vermeer, révèlent un amour de la nature, un plaisir à caresser les objets dans la lumière et l'atmosphère, que Lautrec, depuis quelques années, ne ressentait plus assez pour accepter le risque de perdre son dessin en le recouvrant de belle pâte.

◨

Au moment où Lautrec débutait, Degas délaissait la peinture à l'huile et la détrempe pour le pastel, d'abord un pastel sagement étendu, couvrant bien le papier *(La chanteuse verte*, 1884 ; *Danseuses se baissant*, 1885) ; puis pour le pastel à grands coups, sabré, des femmes à leur toilette, au tub, s'essuyant, (de 1886 à la fin), où la peinture est encore du dessin.

Un procédé grâce auquel, en dessinant encore, on peint déjà, on peint sans jamais cesser de dessiner, sans risquer de perdre son dessin : le rêve !

Lautrec a donc sabré, lui aussi. Il a exécuté de nombreuses peintures sur carton, par un procédé qui lui convenait admirablement. Il dessinait, par hachures, avec des pinceaux chargés de couleur très liquide. Le carton buvait l'essence et l'huile. La couleur restait, mate comme du pastel. Procédé de dessinateur.

C'est ainsi qu'ont été peints entre autres, les deux tableaux du Louvre, *La Clownesse* (1895, collection Camondo), et le *Portrait de M. Paul Leclercq* (1897).

On prend souvent ces peintures à l'huile pour des pastels, d'autant mieux qu'elles sont de petite dimension. Les feuilles de carton, plus grandes, se gondoleraient. Il faudrait les parqueter, opération coûteuse que les avantages du carton ne compenseraient plus : dans les grandes dimensions, le procédé par hachures est interminable ; on doit couvrir des surfaces plus rapidement. D'autre part, il est difficile de conduire une pâte abondante et de la modeler sur le carton où elle se dessèche immédiatement. Aussi Lautrec, dans ses compositions plus vastes *(Le Salon, La danse du Boléro)*, a-t-il peint sur toile. Mais il affectionnait le carton qui, en vidant la couleur de son huile, lui donne un aspect plâtreux. Il y faisait aisément apparaître les faces blêmes des fêtards vidés.

◘

Lorsqu'après avoir attentivement regardé des tableaux de Lautrec, on pénètre dans un restaurant ou un établissement de thé, en un lieu, enfin, tel qu'il les aimait, où le monde s'entasse ; lorsqu'on examine la foule bigarrée et les serveuses dont les tabliers blancs à bretelles barrent les robes noires, on est tout surpris de ne pas trouver la nature plus corsée que les tableaux. Faut-il que l'impression faite sur le peintre par ces sortes de spectacles ait été vive, pour que le reflet qu'il nous en a laissé dans ses œuvres nous frappe avec tant de force ! Certes, il ne regardait pas en dilettante, à la légère. Et il était, en travaillant, d'une sincérité complète. Mais la technique qu'il a dû adopter quand il se fut évadé de l'atelier Cormon, ce travail par hachures qui lui épargnait la frayeur de perdre son dessin sous la pâte, n'a pas peu contribué à donner à son Art une carrure, une décision que la peinture à l'huile, aux doux modelés, ne comporte guère.

Les compositions de Lautrec, peu caressées, mais écrites avec précision, s'imposent à la mémoire.

Les hachures ne permettent pas l'exécution des petits détails. Il faut voir large. Il ne faut pas être timide.

Sans cette technique, Lautrec, sans doute, n'aurait pas

versé dans le genre mièvre. Mais elle l'a puissamment aidé à exprimer son robuste tempérament.

Les hachures conviennent aux notations rapides, qui doivent conserver une allure d'ébauche.

Elles conviennent aussi à l'ébauche d'un tableau qui doit être poussé.

Comment, en effet, attaquer un tableau ?

Avec les hachures, on procède par modification progressive de la teinte du fond, pour arriver petit à petit à la teinte définitive.

Par le procédé de pleine pâte, on a la prétention de poser tout de suite cette teinte définitive. Il faudrait être bien malin pour la composer du premier coup, sans tâtonnements. Si elles paraît juste sur la teinte du fond, elle ne le paraîtra plus lorsqu'elle sera entourée d'autres teintes.

Il est logique de procéder par approximations successives. Les premières hachures, sur la toile préparée ou sur le carton, amènent le ton juste, qu'il est impossible de juger, posé tout de go sur le fond vierge.

Observons un peintre d'École, qui commence à peindre un tableau soigneusement dessiné. La toile est blanche, barrée seulement par les lignes noires du dessin, par les contours apparents des objets, par quelques traits. Le peintre attaque la figure principale. Il a convoqué le modèle. Séance. Au bout de deux heures, la figure est entièrement peinte, seule, au milieu de la toile. Cette figure, si claire soit-elle, ressemble à une face de nègre. C'est affreux. Impossible de savoir si les valeurs sont justes. Quelques hachures partout, et l'effet aurait été indiqué. Le peintre aurait su où il allait.

Les larges hachures de Lautrec sont de tons assez durs. Il emploie même le noir. C'est la manière forte en peinture.

Les effets suaves de l'impressionnisme seraient mal rendus par ce procédé. Mais peu lui importe l'impressionnisme. A quoi serviraient les délicates analyses de lumière, dans des tableaux dont l'intérêt tient à de vigoureux contrastes d'affiche ?

Il se trouve que Lautrec a employé la division des tons, procédé des impressionnistes. Il y a été amené par des considérations de technique. Il l'a appliquée à la lettre, non en esprit. Il l'a appliquée avec monotonie dans le portrait de sa mère lisant (1885, Musée d'Albi, N° 53). Et, lorsqu'il peint *A la toilette* (1898, Musée d'Albi, N° 9), les accessoires sont, il est vrai, frappés par le jour tombant et colorés de reflets bleuâtres. C'est bien. Mais quand Vuillard peint des tables servies dans un café, à la même heure, c'est toute la mélancolie du crépuscule qui s'abat sur le spectateur.

La recherche d'une telle illusion est, de nos jours, assez méprisée. C'est que d'habiles artisans, renchérissant sur les théories impressionnistes, ont réalisé des éclairages déconcertants de vérité, de crudité. Je me rappelle certaines pergolas en plein soleil, se détachant vigoureusement sur la Méditerranée et le ciel bleu : on ne peut pas frapper plus fortement l'œil du spectateur tout en excitant sa mémoire d'un tel spectacle. C'est saisissant. Mais au prix de quel sacrifice ! Le sacrifice du point de vue décoratif.

Il y a manière de réaliser l'illusion sans sacrifier les qualités décoratives de la peinture : les couleurs doivent pouvoir être regardées individuellement. Aucune ne doit être d'un ton désagréable qui repousse l'œil comme le font parfois les couleurs de la nature dans les effets d'éblouissement, de halo.

Avec cette réserve, je ne vois pas pourquoi la vérité dans la couleur serait condamnable.

Maurice Denis a écrit une théorie pour démontrer que la recherche de l'illusion lumineuse était une recherche basse et que les anciens n'en avaient pas voulu. Mais lui-même a rendu ces sortes d'effets avec une perfection et un charme complets. Il est trop bien portant pour bouder son plaisir. La lumière lui paraît trop belle.

Lautrec, au contraire, n'a que des sujets d'amertume.

Les portraits qu'il peint par hachures dans le jardin de son voisin, le père Forest, en bas de la rue Caulaincourt, ne sont pas en plein air (1889 : *Tête de femme* (Planche 5), *Femme rousse, Femme à l'ombrelle* ; 1890 : *Gabrielle la danseuse, Berthe la sourde* ; 1891 : *Gabrielle la danseuse, Justine Dieuhl, Mlle Honorine P.*).

Il est revenu à la technique savoureuse de son enfance dans de simples figures, *La grosse Maria* (1884), *Carmen* (1885), *Rosa la rouge* (1888), *La blanchisseuse* (1889), portraits, exercices qui ne comportaient pas un dessin compliqué.

Sans ces morceaux, je me demanderais pourquoi Lautrec, procédant presque toujours par hachures, comme Degas, n'a pas, comme lui, employé le pastel.

Il se réservait de revenir, à l'occasion, au modelé de pleine pâte. Il restait attaché de cœur au métier de l'huile.

La carrière de dessinateur satirique qu'il a cru devoir suivre, en le détournant de la peinture pure, lui en a laissé le regret.

Ces morceaux, pleins de qualités purement plastiques, étaient pour lui des délassements au milieu de la tâche qu'il s'était donnée, peut-être inconsciemment, de faire de la peinture intellectuelle.

Le peintre le plus nourri de théories envoie tout promener, un beau jour, et s'amuse à peindre avec la plus grande simplicité : simplicité plus apparente que réelle, car la science acquise demeure et l'empêche de donner dans les pièges qui jalonnent sa route. Cette simplicité fut celle de Corot peintre de figures, de Bonvin, de Bazille, de Guillaume Régamey, de tant de bons peintres qui, au XIXe siècle, n'ont pas eu la réputation qu'ils méritaient.

◘

Après avoir habité chez son ami Grenier, puis avec le Docteur Bourges, 21 rue Fontaine, puis, lors du mariage de celui-ci, en 1893, rue Ganneron, chez Rachou, peintre toulousain, Lautrec, ayant obtenu de l'argent de sa famille, s'installe d'abord 7 rue Tourlaque, ensuite 27 rue Caulaincourt, enfin, en 1897, 5 Avenue Frochot. Toujours dans le voisinage du Moulin-Rouge.

Sa mère demeure non loin de lui. Il prend ses repas chez elle. Lorsqu'il est malade, elle accourt le soigner. Quand il mourra, elle réunira les tableaux qu'il laisse et les offrira à la ville d'Albi, pour constituer le musée Lautrec, dans le palais de la Berbie. Il en laissait beaucoup, car il ne vendait guère. Les beaux portraits qu'il a peints étaient des portraits d'amis ou de parents. Nul amateur ne venait lui en commander. La Goulue refusait d'aller poser chez lui et Lavallière se fâchait à la vue du portrait qu'il avait fait d'elle, et qu'elle prenait pour une mauvaise plaisanterie.

◘

En entrant au palais de la Berbie, Henri de Toulouse-Lautrec, dont les ancêtres avaient régné par la fortune des armes sur le Languedoc et l'Albigeois et avaient perdu ces provinces dans les hasards des batailles, entre dans un des plus beaux palais de leurs anciens États pour y régner pacifiquement par le seul prestige de son génie.

La Berbie est l'ancien palais de l'évêché d'Albi « érigé en archevêché l'an 1678 par Innocent XI à l'instance de Louis XIV » écrit Moreri.

La construction en avait été décidée en 1265 par l'évêque Bernard de Combret. Son successeur Bernard de Castanet la continua et entreprit, en 1282, celle de la cathédrale de Sainte-Cécile. Ces deux édifices en briques forment un ensemble grandiose et charmant.

Les évêques d'Albi n'ont cessé d'agrandir et d'embellir le

château ; et, au milieu du XVIIe siècle, Gaspard de Daillon du Lude y fait construire l'escalier monumental par lequel on accède au musée.

A côté de la collection du cardinal de Bernis dans laquelle on admire la grande et belle vue de Venise par Guardi, une galerie, ancienne bibliothèque des archevêques, contient les affiches et lithographies de Lautrec. Ses dessins, les portraits que ses amis ont faits de lui, sa palette et la pierre lithographique *Portrait de Bruant* sont conservés dans une rotonde, à la suite de laquelle s'ouvre la grande galerie des peintures.

Pour comprendre Lautrec, il faut voir ce musée. Nulle part on ne trouverait une aussi grande quantité de ses peintures. Et la qualité de plusieurs d'entre elles est remarquable.

L'endroit, aussi, est charmant. Des terrasses qui bordent les galeries, on domine la ville et la campagne.

En 1891, Lautrec accompagna souvent à l'hôpital son cousin le docteur Tapié de Celeyran, et ces visites ont inspiré au peintre quelques croquis et deux tableaux : *Une opération de trachéotomie par le docteur Péan à l'Hôpital international* (Planche 6) et *Une opération par le docteur Péan à l'Hôpital international*.

Ces deux tableaux, comme leurs titres l'indiquent, représentent des opérations. Mais, dans le second, on ne voit pas le malade ; du chirurgien, on ne voit que le dos ; les internes entourent le Maître, dans la vaste salle : c'est une composition.

L'autre tableau *Une opération de trachéotomie* est le portrait du docteur Péan. Portrait violent comme l'opération chirurgicale. Des traînées de pâte sur un fond de carton sans préparation, indiquent les lumières du visage : elles suivent les arêtes des muscles contractés par l'attention et l'effort physique.

Portrait magnifique et terrible.

Le docteur Tapié de Celeyran était venu à Paris pour faire sa médecine. Il traîna dans les bars et les music-halls une visible nostalgie de la campagne.

Après la mort de Lautrec, il retourna vivre dans son pays et ne le quitta plus.

Grand, mince, flegmatique, taciturne, « le docteur » accompagnait partout son petit, sémillant, brillant cousin à la voix mordante et forte. Quand Lautrec, dans le feu de la conversation, se trompait, disait un mot pour un autre, le docteur, avec calme, rectifiait. Il se faisait remettre à sa place : « T'occupe pas de ça ! » mais ne s'en troublait pas et continuait à fumer sa pipe. Lautrec l'aimait sincèrement. Il aimait aussi le contraste de leurs deux silhouettes. Dans *Une table au Moulin-Rouge* (1892) (Planche 8), nous voyons se promener côte à côte le peintre, trottinant, et le docteur, à longues enjambées.

Ce compagnon placide, Lautrec le bourrait. Sur lui il passait ses colères. Car il était vif et n'admettait pas la résistance à ses fantaisies.

A la tombée du jour, à l'heure où un peintre ne peut plus distinguer les couleurs sur sa palette, les deux cousins allaient faire un tour au bar Achille, 4 rue Scribe. Ayant échangé son feutre mou d'atelier contre un chapeau melon qu'il portait très en avant, sur le front, Lautrec partait à pied. Il avançait péniblement. Il s'arrêtait, s'appuyait sur sa canne, et, pour justifier cette pause, émettait une opinion d'une voix gutturale en baissant la tête, comme abîmé dans une méditation profonde. Puis il faisait quelques pas et se reposait encore. A cette allure, le voyage était long, de Montmartre au bar Achille.

Dans ce bar qui s'intitulait « The cosmopolitan » se réunissaient des artistes et des littérateurs qui ne faisaient pas partie de l'École des Beaux-Arts ou de l'Académie Française. Mallarmé y est venu.

Lorsqu'un écrivain, dans ce petit cercle, annonçait son intention de publier un livre, Lautrec lui dessinait une couverture, même des illustrations. Ses amis le savaient plein de cœur et l'aimaient.

Cependant, il avait son caractère. Voyait-il entrer chez Achille un client nouveau dont la tête lui déplaisait, il enjoignait au patron de mal servir cet intrus, afin de lui ôter l'envie de revenir. Et le gros Achille, comprenant que le succès de son bar tenait en grande partie à la présence de Lautrec, de qui on venait écouter les réparties vives, les mots à l'emporte-pièce, se soumettait volontiers à cette tyrannie, en somme bienfaisante.

Quand Lautrec prétendait obliger ses amis à faire de l'entraînement sportif, il poussait son idée : ses amis étaient ses modèles ; il avait le droit de s'occuper de leur apparence, de leur santé.

Il a montré de la suite dans les idées. Dans les lieux dits « de plaisir », il travaillait. Il emmagasinait des documents et, lentement, mais avec une âpre volonté, il en construisait une œuvre solide. Imagine-t-on ce que peut être ce travail forcé à perpétuité ? Quand les autres se délassent, le peintre travaille. Imagine-t-on l'effort de mémoire qu'il faut faire pour garder et classer tant de traits observés ? *Une table au Moulin-Rouge* contient les portraits de Monsieur Édouard Dujardin, de la Macarona, de Paul Sescau, de Maurice Guibert, de Mademoiselle Nelly C..., du docteur Tapié de Celeyran et de l'auteur. C'est un ensemble de caractères exprimés, de valeurs enregistrées. Et, à côté du sujet, de ses grandes masses bien agencées, il y a une multitude de détails : un dossier de chaise, un bout de table, les encadrements des glaces, les globes lumineux, les différents galbes des chapeaux, l'allure variée des fourrures, qui paraissent sans importance, mais qui doivent être « bien vus », car ils donnent à la scène son air de vraisemblance. Dans une scène préhistorique, ces sortes de détails manquent trop évidemment de sincérité, quelle que soit l'érudition du peintre.

Une table au Moulin-Rouge, c'est tout un monde.

Lautrec ne pouvait pas peindre un tel tableau sur place. Il a dû construire l'œuvre dans sa tête, la créer véritablement.

Lorsqu'un artiste a été frappé par un spectacle caractéristique, l'émotion qu'il a ressentie déclanche les rouages de l'imagination. L'impression grandit, s'exagère. Et la vue de la réalité surviendrait comme une douche froide.

Puvis de Chavannes, passant en chemin de **fer** dans les plaines de la Somme, avait remarqué un beau paysage, noble et calme. Il le retient pour le décor de sa première sainte Geneviève du Panthéon. Il en parle à ses amis. « Vous allez retourner là-bas, lui dit-on, et travailler d'après nature ? — Oh ! non. J'aurais peur d'affaiblir ma première impression. » Il faut, bien entendu, quand cette première impression est fixée par une ébauche, revoir les détails du motif pour faire quelque chose qui ne soit pas trop incorrect, qui soit vraisemblable. Il faut, suivant le mot de Delacroix, aller chercher ses mots dans le dictionnaire de la nature.

Je comprends cependant cette crainte de Puvis de Chavannes de ne plus bien voir son sujet dans son imagination, et cette réponse du paysan auquel on demandait : « Comment avez-vous trouvé Paris ? — Les maisons m'ont empêché de voir la ville ».

La peinture d'après nature a cependant des accents de sincérité que le travail à l'atelier ne donne pas. Mais la boîte de couleurs, le chevalet, la toile, tout ce lourd appareil qu'il faut porter, en fatiguant le peintre avant la séance, le découragent. Parce que le métier lui est pénible, la nature lui paraît moins belle. -

Si, au contraire, d'après un croquis sommaire fait sur une petite feuille de son carnet, il peut retrouver le souvenir de tous les éléments d'un paysage, d'une scène quelconque,

comme il se sentira léger dans ses promenades à la recherche
du tableau ! Comme tous les spectacles lui sembleront dignes
d'être interprétés ! Comme il les jugera beaux !

Il se promène et prend des notes rapides : ce sont des grains
qui germeront dans la serre de l'atelier. Quelle facilité ! Le
peintre n'a qu'à regarder : le monde est à lui.

Lautrec, ayant vu au Moulin-Rouge des motifs de tableaux,
a enregistré ces motifs et peint ces tableaux avec une volonté
tenace. Comment s'étonner qu'il ait été volontaire dans l'habitude de la vie ?

Vis à vis de ses parents, il s'est montré respectueux mais
ferme. Lorsque son père, désolé, disait : « Qu'il regarde les
Maîtres ! Qu'il étudie Detaille ! » il n'en a tenu aucun compte.
Heureusement !

Les caractères opportunistes, louvoyants, les caractères
ronds, sans angles, passent au milieu des gens et à travers le
événements sans les accrocher, sans les entraîner. Ils se fau-
filent. Ils peuvent faire de la politique. C'est un jeu d'équilibre.
Ils ne peuvent pas réaliser, créer du nouveau. Pour mener les
événements, il faut être dur, et d'abord envers soi-même.
Lautrec a durement travaillé. L'agacement que lui causait la
bêtise des gens l'a engagé à être impertinent. Il disait à sa
manière : Laissez-moi travailler.

Il s'est d'ailleurs attiré quelques ripostes.

Une nuit, chez Maxim's, il avait été très brillant, trop même
au gré de ses voisins qui étaient les victimes de sa verve et les
sujets de ses croquis.

Il se lève pour s'en aller, abandonnant sur sa table un crayon
usé jusqu'au bout. Assis, il faisait encore bonne contenance,
car son buste était de taille normale. Mais ses jambes ! Levé,
il est plus petit qu'assis. Alors, un de ses voisins le rappelle en
lui tendant le petit crayon : « Monsieur ! Monsieur ! Vous avez
oublié votre canne. »

Il avait l'élégance de ne pas se plaindre, de rire, même, à

l'occasion, de sa disgrâce physique. Un soir, au Moulin-Rouge, deux femmes assises à une petite table, discutaient. L'une vantait la race de son chien. L'autre ricanait : « Il est affreux. » La propriétaire répliquait : « Regardez cette gueule noire. C'est le signe certain de la race. » Et, se tournant brusquement vers un monsieur assis derrière elle à la table voisine — c'était Lautrec — elle le prend à témoin : « Enfin, n'est-ce pas, Monsieur, qu'on peut être très laid et de race très pure ? — A qui le dites-vous ! » répond-il en faisant le salut militaire, la main à son front, la paume en avant : une paume toute noire de fusain.

Sa race ! Il était très fier de ses ancêtres, de leurs crimes aussi bien que de leurs exploits.

L'un d'eux, Raimond VI, comte de Toulouse, fit pendre, en 1214, Baudouin, son propre frère. Comme par une punition du Ciel, son fils Raimond VII ne laissera pas d'enfant et c'est du frère assassiné que descendront désormais les comtes de Toulouse.

L'écueil d'une forte volonté unie à un complet mépris de l'opinion du vulgaire, c'est qu'on se laisse emporter par l'habitude à heurter cette opinion en toute circonstance.

Par exemple, les visiteurs des expositions ne comprennent pas ce qui fait l'intérêt d'une œuvre d'art : la disposition des valeurs, bien plus que le sujet. Degas a peint, dans le tableau *L'absinthe*, le portrait de Marcellin Desboutin. La figure, dans l'arabesque des valeurs, trouve logiquement place tout près du cadre. Le modèle est relégué dans un coin. Les Japonais, que l'on commençait à apprécier à cette époque, ont donné l'exemple de ces sortes de mise en page. Lautrec, lui aussi, dans *Une table au Moulin-Rouge*, placera une figure gigantesque et hallucinante, loin du centre. Elle attirera, par son expression, mais non pas par sa valeur, les regards des profanes, alors que le véritable motif du tableau est bien centré.

Oui, mais un critique a joué à Lautrec un bon tour. Au cours d'une étude qu'il lui a consacrée (*Figaro illustré* d'avril

1902), Monsieur Arsène Alexandre a reproduit ce tableau après en avoir retranché, sans le dire, une large bande à droite et une en bas. Il a ainsi fait sauter la grosse figure et l'ennuyeuse balustrade qui vient de travers, au premier plan. Et la reproduction y gagne beaucoup. Les silhouettes de Lautrec et de son cousin le docteur, personnages auxquels nous nous intéressons particulièrement, prennent une importance plus grande. Le motif pictural et le sujet coïncident. Leur divorce était une gêne pour les spectateurs de notre époque, qui ne savent plus qu'une telle œuvre était, comme *L'absinthe* de Degas, une œuvre de combat. Le combat depuis longtemps terminé, il reste une sorte de gageure qui nous paraît avoir été conçue dans le but assez puéril d'étonner le bourgeois.

Souvent, il est vrai, Lautrec a étonné la galerie sans le vouloir. Il dormait, le jour, dans son atelier, ainsi que nous l'apprend une photographie publiée par Gustave Coquiot. Rien d'étonnant à cela. Quand on a passé la nuit à observer, à travailler d'après le modèle, au Moulin-Rouge ou ailleurs, on a besoin de se reposer. Il savait profiter de toutes les occasions pour rattraper son arriéré de sommeil. Quand il prenait le train, à peine installé dans son compartiment, il s'endormait. A Londres, où il exposait un ensemble de ses œuvres, il dort sur une banquette, en attendant la visite du prince de Galles : il dort si profondément, que le prince recommande bien qu'on ne le réveille pas. Il dormait aussi dans le fiacre qui le ramenait, la nuit, chez lui, et, si le cocher voulait le réveiller, refusait obstinément de descendre et continuait à ronfler jusqu'à ce que l'envie lui prît d'aller se coucher. Il rentrait alors, portant sous son bras du pain, du saucisson et une bouteille de vin. Admirons la richesse de cette santé qui pouvait se refaire, à tout moment, après des fatigues écrasantes. Pour triompher d'une telle résistance, il a fallu l'abus de l'alcool.

Comment un malade, qui menait une vie désordonnée, a-t-il pu fournir ce travail énorme ? C'est qu'il avait un estomac excellent, et, sous la maladie acquise et l'alcoolisme qui l'ont tué, une santé en somme très robuste. J'imagine qu'il la devait à son enfance passée à Albi. L'air qu'on respire sur ce plateau aux bords escarpés, et dominant le Tarn, excite l'appétit. On y boit un petit vin de propriétaire qui active la digestion, n'empêche pas de dormir et donne des idées roses, roses comme la cathédrale, comme le palais de la Berbie et les vieux hôtels des notables Albigeois. Celui qu'habita Lautrec avait été donné à sa famille par les demoiselles du Bosc, propriétaires du château du Bosc. De là le nom d'hôtel du Bosc donné quelquefois à cette demeure où les Toulouse-Lautrec et les Tapié de Celeyran vivaient en famille. De sa terrasse, on voit, par dessus une large promenade et des pelouses, le viaduc de Castel-Vieil, que Lautrec a peint en 1881.

□

Il a trouvé au Moulin-Rouge des modèles variés et bien caractérisés. Celui auquel il a accordé le plus d'attention, c'est évidemment la Goulue. Elle est le sujet de l'affiche qu'il fait en 1891 pour l'établissement et du *Repos entre deux tours de valse* (1891) (Planche 7). C'est une jolie fille.

En 1892, il la représente encore : *La Goulue entrant au Moulin-Rouge* (Planche 9). Elle s'avance, de face, donnant le bras à sa sœur et à une amie. Elle seule est en cheveux. A son allure décidée, on devine qu'elle est chez elle. « Incessu patuit dea ». Elle entre dans son palais, accompagnée de deux dames d'honneur. C'est une reine, mais une reine en quête de courtisans. L'œil en coulisse, les lèvres mobiles, font signe aux passants. La figure est séduisante et tourmentée. Le buste, ravagé. L'échancrure du corsage laisse apercevoir des seins plats et tombants. La noce. La sale noce. Lautrec est un moraliste.

Il est extrêmement difficile à un sculpteur ou à un peintre

d'expliquer la séduction d'une figure, lorsque cette séduction, bien différente de la beauté classique, vient d'une certaine mobilité des traits, de la flamme changeante du regard, de tout ce qui révèle la personne morale.

Je goûte sans effort le charme du profil grec exposé au Louvre sous la mention (que je crois inexacte) de *Tête de Méduse*, dans cette belle salle où se trouve la *Vénus relevant sa draperie* tant admirée de Degas. Ce profil troublant, mais classique, me prend par toutes les fibres de mon être. Il me semble qu'un atavisme de deux mille ans m'a préparé à l'aimer.

Je me suis souvent demandé, en revanche, dans ce même Louvre, devant le portrait de la belle madame Récamier, devant celui de Madame Chalgrin, que David aima si furieusement... jusqu'à la faire guillotiner, devant celui de la Comtesse Regnault de St-Jean d'Angely par Gérard, à quoi tenait la réputation de ces femmes célèbres. Ce qui faisait leur charme, leurs portraitistes l'ont sans doute démêlé mieux que personne, mais ils n'ont pas su nous le dire.

Je ne comprends guère que Lautrec ait pu être séduit par l'anglaise du Star, au Havre, au point d'interrompre son voyage pour la peindre.

En juillet 1899, il partait pour Taussat et, au lieu de prendre le chemin de fer pour Bordeaux et Arcachon, il allait, selon son habitude, s'embarquer au Havre. Mais il y rencontre la petite Anglaise et ne part plus.

La séduction de cette femme au minois éveillé, au nez retroussé, tenait sans doute à des yeux souriants, à une voix fraîche, à une grande animation qui n'est pas justiciable des arts plastiques. Son portrait (Musée d'Albi, N° 47) (Planche 19) est une charmante peinture. Je crois cependant que l'admiration qu'il provoque chez les spectateurs est très loin de l'émotion que l'auteur avait ressentie et voulait leur communiquer.

Lautrec nous révèle, au contraire, dans une terrible réussite,.

les attraits pervers du visage qui s'avance dans la salle du Moulin-Rouge.

Que la Goulue ne m'en veuille pas, si ces lignes tombent sous ses yeux. Que le romancier Paul Leclercq ne m'en veuille pas davantage. Ce n'est pas de la Goulue, de Paul Leclercq qu'il est question, mais des imaginations de Lautrec, je ne dis pas faisant leurs portraits, mais peignant en leur présence, ou les prenant pour prétextes d'une peinture. Il a pratiqué « le libre usage du modèle », et, d'une interprétation à l'autre, on peut constater des différences telles, que le personnage est méconnaissable. Qui reconnaîtrait la Goulue de 1892 dans l'estampe de 1895, qui la représente en dompteuse, devant le tribunal? Les avantages de la jeunesse, que Lautrec avait refusés à la chahuteuse du Moulin-Rouge, il les dispense avec libéralité, trois ans plus tard, à la dompteuse. La voici, bien découplée, haute sur jambes, callipyge et cambrée. Ce dessin-là pourrait être signé « Mars ».

La Goulue, il est vrai, d'année en année, engraissait. Grandissait-elle aussi ? Dans le *Repos entre deux tours de valse* (1891) (Planche 7), sa hauteur est de sept têtes trois quarts, et, dans l'estampe de 1895, de huit un quart. Elle aurait donc grandi, en quatre ans, d'une demi-tête. A son âge ! Non. Lautrec l'a flattée.

Une autre preuve qu'il ne lui en voulait pas, c'est qu'il a exécuté (en 1895) pour lui rendre service, la peinture d'une baraque de foire : deux panneaux de trois mètres sur trois mètres.

Et à l'arrière-plan du tableau de 1892 *Une table au Moulin-Rouge* (Planche 8), la Goulue, devant une glace, se recoiffe avec un geste charmant et plein de style.

Lautrec, cherchant à dégager le caractère d'une silhouette, en exagérait un trait qui lui paraissait important, étirait un personnage, l'allongeait, ou, au contraire, le tassait. Il déformait de parti pris.

Le caractère du danseur ordinaire de la Goulue, Valentin le désossé, était cependant si frappant, que Lautrec n'avait pas intérêt à exagérer. Il a donc copié, tout simplement. Et les diverses représentations qu'il a données de ce modèle se ressemblent toutes et prouvent une remarquable suite dans les idées du peintre.

Ce Valentin, à la figure impassible d'Anglais, comme taillée à coups de hache dans une bille de chêne, était le frère d'un notaire parisien. Le matin, on le rencontrait, à cheval, au Bois. L'après-midi, il faisait des courses pour son frère. Le soir, il dansait au Moulin de la Galette, au Moulin-Rouge, avec la Goulue, Grille-d'Égout et Nini-Patte-en-l'Air. Il dansait pour l'amour de l'Art. Il n'était pas payé. Son agilité, la précision des mouvements de ses jambes en tire-bouchons étaient sans pareilles. Et sa silhouette cocasse faisait rire la galerie. C'était bien le modèle rêvé pour le crayon de Lautrec.

Dans l'affiche du Moulin-Rouge (1891) (Planche 25), tandis que la Goulue, dansant en pleine lumière, lève la jambe un peu haut, Valentin, faisant repoussoir dans l'ombre, au premier plan, met sa main devant sa bouche : on croit l'entendre prononcer : Shocking

Il est le personnage principal du panneau de gauche de la baraque de la dompteuse (1895). Il danse avec la Goulue. La scène est déjà ancienne. Le panneau est l'agrandissement du croquis N° 57 du Musée d'Albi : *Valentin le désossé et la Goulue au Moulin de la Galette* (1888). Les jambes de Valentin en sont le véritable sujet. Elles s'écartent et se raidissent dans une attitude grotesque.

Elles sont encore le sujet du tableau *La danse au Moulin-Rouge* (1890). Ici, elles se tortillent avec une souplesse incroyable. La Goulue danse. Le public circule. Le tableau est grouillant, bruyant, étourdissant. Et la lumière, sur le parquet, entraînée par la Goulue et Valentin, danse avec eux.

« Le libre usage du modèle » a engagé Lautrec à faire du

graveur en médailles Henry Nocq, dans l'affiche pour *L'artisan moderne* (1894), un ouvrier long et mince.

Dans les deux portraits qu'il a exécutés d'après le même modèle (1897) (Planche 17), il a cherché la caricature, déformé les pieds, les jambes, suivant une idée préconçue ; et Monsieur Nocq, me faisant admirer ces portraits dont il est justement fier, me disait en souriant : « C'est d'une malveillance complète. »

Le portrait qu'il a fait du docteur dans un couloir de loge au théâtre, (1894), est d'une malveillance pareille.

Parfois, les deux cousins allaient s'asseoir aux fauteuils d'orchestre de la Comédie-Française. Après des nuits au Moulin-Rouge, Lautrec goûtait, par contraste, la respectabilité du lieu. Il ne recherchait pas les représentations extraordinaires, les grandes premières. Il guettait, au contraire, dans une pièce du répertoire, le pensionnaire sans avenir, « l'utilité », doublant une vedette et qui, gonflé d'orgueil, roulait les « r » en faisant de grands gestes et de gros yeux.

Voilà pour le satirique. Mais il se laissait aussi, exceptionnellement, charmer par la beauté et le talent. Ses lithographies, la tendresse avec laquelle il semble avoir caressé certaines lignes, en sont la preuve.

Il a représenté le docteur dans un sombre et silencieux couloir de théâtre. Par l'ouverture d'une porte de loge, on aperçoit la salle illuminée, rutilante. Le galbe du personnage, la demi-obscurité dans laquelle il s'avance discrètement,l'échappée sur la salle, font de ce portrait un très beau tableau, une œuvre complète et un vrai Lautrec plein d'intention malicieuse.

Le bon docteur accepte sans protester que dans la salle du Moulin-Rouge et dans le couloir du théâtre sa silhouette se profile sans élégance. Il se sacrifie à l'Art.

Lautrec n'aurait pas osé en user aussi librement avec tous les modèles. Le portrait de son cousin Louis Pascal (1893, Musée d'Albi Nº 35) (Planche 10) et celui de Monsieur Fourcade (1889) représentent des messieurs du plus grand chic. Le faire de ces deux tableaux est très mondain aussi, de sorte qu'ils peuvent trouver place dans le salon le plus cossu. On y reconnaît cependant Lautrec à la vie des personnages. Monsieur Fourcade marche. Monsieur Louis Pascal vient de s'arrêter. Il est encore tout palpitant de mouvement.

Jane Avril, elle, ne s'arrête jamais. Lautrec la représente, mince, nerveuse, virevoltant, méritant son surnom de « Mélinite ». Pendant que la Goulue, entre deux tours de valse, se promène avec son danseur (1891), Jane Avril, au second plan, exécute des pirouettes.

Elle a inspiré à Lautrec bien des peintures et des dessins.

En 1892

Jane Avril sortant du Moulin-Rouge — dansant — mettant ses gants — en pèlerine et chapeau à plumes — de profil — au divan japonais (recherche pour l'affiche, silhouettes d'Yvette Guilbert et d'Édouard Dujardin.)

En 1893

Jane Avril dansant (recherche pour l'affiche du Jardin de Paris) — *en buste avec chapeau — en buste sans chapeau — de profil* (recherche pour la couverture de l'estampe originale).

En travaillant d'après la Goulue, Lautrec a eu l'intention de peindre le charme sensuel. D'après Jane Avril, le mouvement.

La danse serpentine et lumineuse de la Loïe Fuller aux Folies-Bergère lui a inspiré une peinture (Musée d'Albi N° 32) et une lithographie (Delteil 39).

Yvette Guilbert a symbolisé pour lui l'esprit le plus subtil, dégagé des entraves de la matière.

A l'inverse de la Goulue qui avait d'abord refusé de se rendre, pour poser, chez cet infirme, Yvette Guilbert qu'il sollicite, ne pense qu'à lui rendre service. Elle était célèbre, fêtée dans le monde entier. Mais le succès d'une chanteuse ne dure qu'un temps. Pour le peintre, la gloire est venue. Et il s'est royalement acquitté envers la camarade complaisante : c'est par les peintures et les deux albums de lithographies qu'il lui a consacrés, qu'elle vivra dans la mémoire des hommes qui ne l'ont jamais entendue.

Ces peintures, exécutées en 1894, sont :

Gants noirs d'Yvette Guilbert (recherche pour la couverture de l'album français)

Yvette Guilbert (projet d'affiche, musée d'Albi N° 146)

Yvette Guilbert saluant (recherche pour la 16e lithographie de l'album, Musée d'Albi N° 112) (Planche 33)

Yvette Guilbert, Linger Longer Loo (recherche pour le dessin du *Rire* du 24 décembre 1894).

□

Huit ans après sa sortie des ateliers officiels, Lautrec avait exécuté un grand nombre de tableaux et sa réputation ne dépassait pas un cercle d'intimes. C'est par la lithographie qu'il s'est fait connaître et qu'il s'est pleinement connu lui-même.

La première fois qu'il s'est servi du crayon lithographique, nul doute qu'il se dit : « Voilà mon affaire ! » Du crayon lithographique. Je ne dis pas : de l'encre. Car sa première lithographie *A Saint-Lazare* (1885) ne pouvait pas lui révéler ses dons. C'est un simple dessin, à l'encre, au trait, sans modelé. Aussi n'était-il pas pressé de recommencer. Mais, en 1891, Zidler lui commande une affiche pour le Moulin-Rouge. Il fait un chef-d'œuvre : *La Goulue* (Planche 25). Rien n'est plus intelligent que ce placard, où les larges taches claires ou sombres, bien faites pour attirer les regards des passants décrivent une très belle arabesque.

La réussite complète de cette affiche l'encourage. Le tirage, fait sous ses yeux, lui donne le goût de travailler lui-même sur la pierre. Il exécute deux lithographies en couleurs : *La Goulue et sa sœur au Moulin-Rouge* et *L'Anglais au Moulin-Rouge* (1892), qui par leurs grands partis de couleur franche sont, en somme, des affiches en réduction.

C'est cette année-là aussi, qu'il peint *La Goulue entrant au Moulin-Rouge* (Planche 9).

Depuis huit ans, il traitait par hachures tous ses sujets ; l'année précédente encore, le *Repos entre deux tours de valse* (Planche 7). Mais il exécute son affiche ; et, lui qui avait subi l'influence de Guardi, puis celles de John Lewis Brown, de Bastien-Lepage et de Degas, voilà qu'il subit maintenant sa propre influence : il se laisse charmer par son art de lithographe et en imite les larges taches dans le tableau de 1892 !

Il y était poussé aussi par le désir de réaliser complètement la figure de son modèle. Le procédé par hachures est nécessairement sommaire. Pour arriver à un modelé délicat, il faut serrer les hachures, les fondre les unes dans les autres. C'est ce que fait Lautrec dans ce célèbre portrait de la Goulue, dans *Une table au Moulin-Rouge* (1892) (Planche 8), *Le docteur dans un couloir de théâtre* (1894) et *Portrait de M*ᵐᵉ *Pascal au piano* (1895) (Planche 14).

Et pourtant, il ne se décide pas ; et, dans le même temps qu'il peint ces tableaux par hachures rapprochées, fondues, il en peint d'autres par hachures franchement séparées : *Un couple de danseurs, Le départ du quadrille, Jane Avril* (1892) ; *Portrait de M. Louis Pascal* (1893) (Planche 10) ; *Au lit* (1894) ; *Le Blanchisseur* (Planche 12) ; *Monsieur et Madame* (Planche 13) ; *La Clownesse* (1895).

Et il hésitera toujours entre les deux procédés.

En 1892, nouvelles affiches : *Le pendu* (pour la Dépêche de Toulouse), *Le divan japonais* (nouveau chef-d'œuvre), *Reine de joie* (pour annoncer un roman de Victor Joze), *Bruant* (pour les Ambassadeurs), *Bruant* (pour l'Eldorado).

□

La pratique de la gravure en couleurs influe sur le métier du peintre à qui elle donne des préoccupations nouvelles. En dessinant des gravures sur bois ou des lithographies, il doit réserver des rectangles, des surfaces de forme bien arrêtée, qui seront imprimés en telle ou telle couleur. A chaque instant, il se dit : « Gare ! Je n'ai pas le droit de dépasser ce contour et de barbouiller cette surface. » Pour le graveur, peindre une tache colorée, ce n'est pas étendre de la couleur à tel endroit. C'est prévoir un bois, ou une pierre, y tracer le contour de la tache, dont on doit régler le ton exact, la valeur, le degré de pureté. Et ce n'est qu'au tirage qu'on verra si on ne s'est pas trompé. Où est la bonne peinture à l'huile, si commode ? On a mis la couleur à tort et à travers. On l'enlève avec le couteau à palette, où même, sans l'enlever, on repeint par-dessus. Toute erreur peut être réparée. De là un certain laisser aller qui, de la technique, passe dans l'art du peintre et devient un trait de son caractère.

La pratique de la gravure l'oblige à plus de sévérité.

Et non seulement cette pratique modifie la façon de peindre, mais la préoccupation constante de ménager, dans les planches, des surfaces pour chaque valeur, pour chaque ton, fait que, dans la nature, le peintre graveur voit valeurs et tons comme les motifs d'un travail précis. Ils prennent pour lui une importance ! Sa considération pour le plus humble spectacle en est accrue. Il regarde la nature avec d'autres yeux que le simple peintre.

Il ne s'agit plus d'une improvisation facile, au bout du pinceau. Il faut un projet bien étudié. Le travail y gagne en sérieux, en gravité. L'œuvre paraît plus construite.

En outre, la complication, la lenteur qu'entraînerait l'exécution de tous les détails d'une composition, engagent le peintre à en diminuer le nombre, à simplifier : et c'est une condition de la grandeur de l'œuvre d'art.

Mais la gravure en couleur, ce n'est pas encore la lithographie pure, cet art dans lequel Lautrec va donner sa mesure.

La couverture qu'il exécute en 1893 pour « L'Estampe originale » et qui représente Jane Avril examinant une épreuve auprès de l'imprimeur et de sa presse, est encore une petite affiche en couleurs.

Ce n'est qu'en travaillant au crayon sur la pierre, qu'il arrive enfin, dans le célèbre portrait de « Bruant » (1893) et dans douze compositions faites pour le journal *L'Escarmouche* (1893-1894) (Planches 26, 27, 28, 29), à un dessin sensible et au plus délicat modelé.

Dans le portrait de « Bruant », à côté des coups de crayon, on voit encore des traits de pinceau et du crachis. Petit à petit, le crayon dominera et évincera complètement l'encre.

Une lithographie en noir n'est, en somme, qu'un dessin exécuté sur pierre. Métier très simple et qui permet à l'artiste de se livrer complètement, sans préoccupation de technique.

Lorsqu'un marchand de chevaux veut dresser un cheval à stepper, il lui met aux sabots des fers pesants. Le cheval fait un grand effort pour lever les pieds. Quand il a pris l'habitude de cet effort, le marchand lui ôte les lourds fers, et le cheval lève avec facilité les genoux à la hauteur de son nez.

Un peintre qui a supporté sans faiblir la lourde technique de la gravure en couleurs trouvera la lithographie en noir toute facile, et, ayant pris l'habitude d'une grande sévérité dans le travail, et, bien dit, par un procédé compliqué, ce qu'il avait à dire, l'exprimera encore mieux par un procédé simple.

Lautrec dessinait directement sur la pierre.

L'usage s'est établi, cependant, d'exécuter les dessins au

crayon lithographique sur un papier spécial et de les confier
à un ouvrier qui les reportera sur la pierre.

Cette méthode a plusieurs avantages. Le papier peut être
emporté, dans un carton, jusque devant le motif, tandis que la
pierre doit demeurer à l'atelier. De plus, le report du dessin
sur la pierre le retourne une première fois. Le tirage le remettra
donc à l'endroit.

En revanche, quel inconvénient, d'ordre purement artis-
tique ! Le grain du papier ne coïncidant que par hasard avec
le grain de la pierre, produit dans le trait des lourdeurs ou,
au contraire, y laisse des manques. Et, lorsque le report, à
certains endroits, n'a pas pris, et que l'artiste retouche la
pierre pour y rétablir le dessin, le trait des retouches, étant
régulier, paraît blond à côté du trait cahoteur résultant de la
superposition hasardeuse des deux grains du papier et de
la pierre.

Dans l'art de la lithographie pure, monochrome, Lautrec
atteint tout de suite la perfection et, pendant huit ans, il
donnera une étonnante suite de chefs-d'œuvre. Dès 1893, la
pièce intitulée *Folies-Bergère : les Pudeurs de M. Prud'-
homme* (Planche 27) présente un merveilleux agencement
de noirs, de gris et de blancs.

De 1894 à 1896 viennent les pièces parfaites, les portraits
de théâtre : Leloir, Moreno (Planche 30), Yvette Guilbert
(Planches 31, 32, 33), Marcelle Lender (Planche 34), Auguez
(Planche 35), Jeanne Granier, Guitry, Miss Ida Heath
(Planche 36). Enfin la belle série *Elles* (Planche 38).

Quel métier ! Quelle liberté ! Tantôt il dessine avec la pointe
du crayon, tantôt, pour couvrir de grandes surfaces, il le
traîne à plat comme une large brosse : *Idylle princière*
(1897) ; *Au Théâtre Libre : Antoine dans l'Inquiétude*
(janvier 1894). Comme personne il sait, au milieu de gris
délicats, près d'un blanc, piquer un noir absolu : le noir du
nœud de la perruque dans *La chanson de Fortunio* (1895)

(Planche 35), le noir du chat de *Miss May Belfort saluant* (1895), les gants noirs d'*Yvette Guilbert* (Planche 31), le corset de *Miss Ida Heath* (1896) (Planche 36).

Et quelle variété d'expression ! Ces figures, que fait Yvette Guilbert dans les seize lithographies de l'album français qui lui est consacré ! (Planche 31, 32, 33). Et ces gestes, ces attitudes tantôt étonnées, tantôt gamines, toujours d'un esprit étourdissant ! Comme Lautrec a délicatement rendu toutes ces nuances, avec un peu de noir sur du blanc !

Rose Caron dans Faust (1894) (Planche 28), au contraire, est une énorme caricature. Le chanteur ouvre la bouche, à se décrocher la mâchoire. Rose Caron contracte les muscles de la face... pour chanter ?... ou pour éternuer ? On ne peut pas regarder cette image sans rire.

Et, surtout, quel mouvement ! *Yvette Guilbert saluant* (Planche 33), *Marcelle Lender dansant le pas du Boléro dans Chilpéric* (1895) (Planche 34), remuent véritablement, et le Cygne, dans les *Histoires naturelles* (1899), glisse sur l'eau.

Le mouvement ! Lautrec a conservé toute sa vie le regret des sports qu'il ne pouvait pratiquer. Il fréquentait le vélodrome Buffalo, alors que son ami Tristan Bernard en était directeur. Il s'y promenait au milieu des athlètes, admirant leurs muscles, prenant des notes. Il peint Tristan Bernard dans l'exercice de ses fonctions de starter, en 1895. La même année, il donne trois lithographies sportives : *Zimmermann et sa machine, Au vélodrome : W.D.Simpson et le petit Michael* et *Au vélodrome*. En 1896, deux affiches : *Le cycle Mickael* et *La chaîne Simpson*.

Il a saisi ses modèles en pleine action. C'est le mouvement qui l'entraînait, qui l'inspirait. Faire poser un personnage, lui dicter son attitude n'était pas son affaire. Un de ses amis, de qui, par politesse, par amitié, il a voulu faire le portrait, avoue que les séances étaient pénibles. Lautrec le convoquait, le faisait asseoir, donnait quelques coups de pinceau puis.

disait : « Il fait trop beau. Allons nous promener ! » Et cette comédie s'est renouvelée une vingtaine de fois. En revanche, apercevait-il une danseuse aux mouvements rapides (La Mélinite), une actrice à la physionomie mobile (Yvette Guilbert, Marcelle Lender), il en fixait le jeu en un instant.

La Chanson de Fortunio (Planche 35) est peut-être le point culminant de l'Art de Lautrec. Trop souvent cet Art a été gâté par l'amertume. Les récriminations, à la longue, nous lassent. Mais ici, toute intention dénigrante a disparu. Il n'y a plus que de la beauté. Les lignes de ces deux personnages chantant côte à côte sont dignes de Watteau. C'est la pureté même. Quant aux valeurs : Marcelle Lender se mêle aux gris du fond ; Marguerite Auguez, en travesti, au premier plan, est toute blanche de lumière, avec un ruban noir noué à son catogan. Ces trois couleurs : gris, blanc, noir, dosées avec un tact parfait, produisent une harmonie délicieuse.

S'il avait eu souvent des modèles comme ceux-là, au lieu des filles dont il a dû se contenter, qui sait ce qu'il aurait fait ?

Pas une femme élégante n'avait l'idée de s'adresser à lui pour passer à la postérité. Alors, il croquait des silhouettes de théâtre. Les actrices ne pouvaient pas se dérober. Quelques-unes ont consenti à poser exprès pour lui. Elles n'ont pas eu à s'en repentir.

Dans le monde, j'entends dire : « Toulouse-Lautrec ! grand talent. Mais ce qu'il peint est laid. Ses sujets sont pénibles. » Le général du « Monde où l'on ennuie » !... Qu'il étudie les lithographies ! Qu'il regarde *La Chanson de Fortunio* » : il sera bien étonné.

◘

Au milieu de ces délicieuses compositions, de ces portraits si profonds, je découvre avec stupeur des dessins lâchés, informes, qui ont cependant eu l'honneur d'un tirage. Ils ne sont pas sans esprit, certes. D'un enfant qui les aurait griffonnés, on dirait : « Il est drôle ». Mais l'absence de qualités plastiques, au premier abord, me déconcerte.

J'hésite cependant à critiquer un artiste tel que Lautrec. Et je remarque que ces pièces sans grand intérêt sont des pièces de circonstance : deux menus : *La Modiste* (1893) ; *Le moderne jugement de Pâris* (1894) ; une *Invitation* (février 1895) ; *A merry Christmas* (1896) ; une réclame : *A la maison d'or* (1897) ; *Le compliment du jour de l'an* (décembre 1897).

Dans l'œuvre lithographique de Lautrec, elles sont l'équivalent de ces phrases banales qu'un romancier psychologue ne peut se dispenser d'intercaler dans le dialogue : « Comment allez-vous ? » ou « Donnez-vous la peine de vous asseoir », phrases qu'un écrivain de haute tenue, poète pur, se déclare incapable d'écrire.

A part ces planches pour rire, son œuvre lithographique est d'une merveilleuse beauté.

Un dessin peut représenter une belle chose. Chez Lautrec, le dessin est lui-même une belle chose, une entité dont l'agrément vous rend indifférent au sujet traité.

Le sujet ne l'a intéressé que par un caractère, une arabesque sur laquelle, alors, il insistera.

Dans ses lithographies de la série *Elles*, il cerne les épaules, les bras, dans *Le Sommeil* (Planche 37), il cerne le sein gauche, pourtant en pleine lumière, d'un trait qui évidemment n'existait pas dans le modèle. Comme on voit qu'il n'a pas travaillé d'après nature ! Tant mieux ! Il n'aurait pas osé ce trait qui souligne la jolie inflexion d'une courbe, qui signifie : « Regardez bien ! » ou : « Imprimez en caractères gras !» C'est comme un gros titre de journal, qui attire l'attention où il faut. C'est de la bonne publicité.

Le trait ondoie dans la page avec nonchalance. Il se noue et se dénoue comme un foulard souple : le nœud, c'est le minois d'une jeune femme au lit *(Le petit déjeuner)* ; les pans sont les draps ou les jambes qui se balancent avec les couvertures tombantes *(Lassitude)* (Planche 38).

Un tel art a toutes les apparences d'une brillante improvisation. Et c'est une improvisation, en ce sens que les croquis, les études peintes même, au moyen desquels Lautrec a préparé chaque lithographie, il ne les gardait pas comme guide-âne, il ne les avait pas sous les yeux au moment de dessiner sur la pierre. Depuis longtemps, il les avait digérés, assimilés.

Ils étaient pour lui des exercices de mémoire et non pas des documents. En les faisant, il apprenait son sujet par cœur. Cette méthode laisse à l'exécution tout l'imprévu, toute la fraîcheur d'une improvisation.

Lautrec, la mémoire meublée de solides préparations, dessinait à main levée, de chic, et en chantant.

Il possédait un vaste répertoire de vieilles chansons de France et se délectait à les chanter en travaillant.

◘

Il est toujours resté un peu enfant.

La Bibliothèque Nationale possède plusieurs épreuves de *Marcelle Lender en buste* (1895, planche réduite), sur lesquelles il a essayé un jaune pour les cheveux, un rouge pour le chapeau et la fleur du corsage, un vert pour le manteau. Ce vert ! C'est naïf et gai comme un coloriage fait avec des couleurs sans dangers... L'épreuve qui n'a pas encore le trait d'encadrement est ravissante.

D'un artiste qui sait très bien son métier, ce n'est pas un mauvais compliment, de dire que son inspiration va rejoindre les fraîches imaginations des enfants. Un tel artiste, poète, c'est Musset ; musicien, Mozart. Leur fantaisie se donne libre carrière pour notre plus grand plaisir. Mais, pour leur malheur, ils ne se plient guère aux conventions sociales,à ces règles que la prudence commune accepte. Ils vivent plus vite que les autres hommes. Musset est mort à 47 ans, Mozart à 35, Lautrec à 36. Il a aidé la maladie par l'abus des cocktails. En février 1899, des désordres du cerveau ont nécessité son internement. Il a passé trois mois dans une maison de santé où un régime sévère l'a vite remis en bon état. En si bon état, qu'il a pu, avant la fin du traitement, recommencer à travailler. Dans cette maison, il a dessiné sur des pierres lithographiques que lui apportait son éditeur Stern, deux planches qui manquaient à son illustration des *Histoires naturelles*. Là encore, il a exécuté vingt-deux dessins au crayon de couleur (Planche 24) représentant des scènes de cirque. Tout cela, sans modèle, en rafraîchissant seulement sa mémoire des formes des animaux par quelques promenades au Jardin d'Acclimatation. Mais sa mémoire était prodigieuse. Et il avait tant regardé les chiens savants, les chevaux de voltige, les écuyères, Chocolat, Footit et Monsieur Loyal !

Rentré chez lui (17 mai 1899), il se montre d'abord très sage, ne boit que du lait et invite même ses amis à venir en boire avec lui, ainsi que nous l'apprend l'*Invitation* du 15 mai 1900 (Planche 40), dans laquelle il se représente auprès d'une vache et d'une pie qui regarde... celui de la vache. Horrible calembour !

Cette planche est un document. Lautrec s'y est représenté sans flatterie : petit, rabougri, les jambes torses. Il porte aux talons des éperons : regret de la vie sportive qu'il n'a pas pu mener ; sur la tête, son feutre mou d'atelier, le bord rabattu sur les yeux.

Sa sagesse ne dure pas longtemps. Il se remet à boire.

Il ne donnera plus que quatre planches : une couverture pour la brochure de son ami Paul Leclercq *Jouets de Paris* (1901), une autre pour la chanson de son cousin Dihau *Zam-*

boula Polka, une lithographie *Le Marchand de marrons* et
une insignifiante *Feuille de croquis*.

Le Marchand de marrons pourrait presque s'intituler :
paysage impressionniste. C'est rare dans l'œuvre de Lautrec.
Ce gris répandu sur toute la page, c'est bien la brume de
l'hiver. Un ouvrier, les mains dans les poches, bat la semelle.
Une femme passe, le col de fourrure relevé. Le sol mouillé
renverse les silhouettes de ces gens transis. Le marchand
soulève le couvercle de son fourneau.

Lautrec sensible au parfum des saisons, respirant la fumée
des marrons chauds, se souvenant peut-être de la bonne odeur
des herbes qu'on brûle dans les champs, en automne !

Il s'attendrit. Je ne le reconnais plus.

◨

Lithographe, Lautrec a tout de suite trouvé sa voie.
Peintre, il a hésité toute sa vie entre les taches et les
hachures. Dans l'application de celles-ci, il se montre d'abord
timide et maladroit. Le portrait de sa mère lisant (1885,
Musée d'Albi, N° 53) est exécuté sur toile, par petites
hachures bien sages, sous la vague influence des impressionnistes. Au milieu de ces meubles capitonnés, de ces rideaux
à fleurs, près de cette table couverte d'un tapis moelleux, de
cette cheminée de marbre blanc, dans cette atmosphère
familiale, immobile, est-ce que le peintre n'a pas trouvé
l'excitant nécessaire ? Son métier est monotone, sa touche
égale partout.

Peu à peu, il prend de l'assurance. Ses hachures sont plus
larges et plus libres dans le *Portrait de Mademoiselle Aline
Gibert* (1887), le *Repos entre deux tours de valse* (Planche 7),
A la mie, Au moulin de la Galette : Une nouvelle (1891),
Le départ du Quadrille, Les valseuses (1892).

En 1892, après avoir exécuté l'affiche du Moulin-Rouge, il essaie de la peinture par taches et donne *La Goulue entrant au Moulin-Rouge* (Planche 9) et *Une table au Moulin-Rouge* (Planche 8). Mais ici, les taches ne sont pas en pleine pâte comme dans les petites figures de 1884 *La grosse Maria* de 1885, *Carmen*, de 1888, *Rosa la Rouge*, de 1889 *La Blanchisseuse*, assez simples pour être modelées d'une seule coulée. Le dessin compliqué de *La Goulue entrant au Moulin-Rouge*, et d'*Une table au Moulin-Rouge*, aurait été perdu sous la pâte. Lautrec a donc traité ces tableaux par hachures séparées. Puis, sous le charme de ses propres affiches, et cherchant à obtenir, dans la peinture comme dans la lithographie, de grandes taches colorées, il a resserré les hachures, les a faites de tons toujours plus rapprochés et a fini par les fondre tellement les unes dans les autres qu'elles jouent, à certains endroits, la teinte plate.

Mais les hachures sont dessous. Elles apparaissent par places. Et, dans beaucoup d'autres peintures, elles ne se cacheront même plus.

Depuis 1886 il avait pu voir les grands pastels de Degas. En février 1893, il fait la connaissance de l'auteur. D'où une recrudescence d'audace.

Par des hachures violentes, couvrant à peine le carton, il a noté de très fortes impressions : *Au lit* (1894, Musée d'Albi N° 14) et *Le Blanchisseur* (1895, Musée d'Albi N° 13) (Planche 12). Mais, dans ce tableau, l'intérêt de la technique disparaît à côté de la violence de l'expression. Ici, Lautrec a donné libre cours à sa verve amère. Le blanchisseur vient livrer sa lessive. Il ploie sous le faix du ballot. A moins qu'il ne fasse une courbette devant la patronne ? Mais non. A son air mécontent, humble et révolté à la fois, on dirait un ouvrier qui va formuler des revendications. Et cette casquette d'apache ! Il a sûrement un eustache ouvert dans sa manche. En quel lieu entre-t-il ? Cette pièce sombre, aux volets clos ?...

Apporte-t-il chez le recéleur un paquet d'objets volés ? C'est sinistre.

Recherche du caractère, déception amoureuse, tendresse refoulée ? Lautrec a choisi des modèles tarés. Il fréquente les lieux mal famés et en dessine les habitués.

Il travaillait sans répit, observait, scrutait, disséquait.

Cette curiosité de toutes choses, cette passion de dessiner, c'est-à-dire ce besoin de s'exprimer, sont le fait d'une sensibilité douloureuse, comprimée, qui cherche par tous les moyens à conquérir sa liberté. Les manifestations d'art de cette provenance sont pathétiques comme une tentative d'évasion.

De profundis clamavi.

Lautrec est allé en enfer, peindre les damnés. Il cherchait le caractère. Il l'a pris où il a pu.

Par des hachures de tons éclatants, il a exécuté sur toile une œuvre saisissante : *Monsieur et Madame* (1895, Musée d'Albi N° 18) (Planche 13). Ces horribles traitants sont décrits pour toujours comme des animaux repoussants.

Cette peinture est hallucinante. De la laideur de la femme se dégage une horreur tragique. Et le procédé, tape-à-l'œil, indiscret, bruyant, n'est pas fait pour atténuer l'impression de dégoût.

Ça ! Un tableau ? C'est une caricature. C'est un dessin aux crayons de couleur pour un journal amusant. — Mais il n'y a pas de genre inférieur, et cette caricature est un chef-d'œuvre. Et Lautrec, mis en goût, donnera, l'année suivante, une demi-douzaine de dessins au « Rire ».

Souvent, au moyen de quelques traits de pinceau, d'une seule couleur, sur une feuille de carton, il indiquait sommairement un mouvement ou un caractère. Dans *Valentin le désossé et la Goulue au Moulin de la Galette* (1888, Musée d'Albi, N° 57), les jambes du danseur remuent. Dans *M. Lucien Guitry et Mlle Marthe Brandès* (Musée d'Albi N° 36)

(Planche 11), la tête sans front est d'une bestialité complète.

Ces indications sommaires, et pourtant définitives, sont des exemples dangereux. Les jeunes peintres se disent : « Inutile de se fatiguer ! » Mais il faut être bien fort pour réussir une œuvre d'art en trois traits de pinceau, ou bien modeste pour avouer : « Je n'en suis pas capable. »

Le magnifique tableau du Musée de Toulouse *Femme à sa toilette* (1896, N° 618) (Planche 15) n'est qu'une esquisse sur papier chamois. Mais quelle harmonie entre ces trois tons : le rose saumon de la tenture, le vert du paravent et l'ivoire du dos et des bras de la femme, tout cela soutenu par le noir puissant de son corset et les noirs plus lointains du chapeau et de l'habit de l'homme assis qui la regarde !

Le bas du tableau ne contient rien que quelques traînées de pinceau indiquant la traîne de la robe. De là, par cette savante négligence, l'attention est dirigée vers le haut où chante la délicieuse harmonie de rose, vert et ivoire.

Cette peinture me paraît admirable, justement parce que toutes ses parties ne retiennent pas également l'attention. Elle présente des nœuds d'intérêt entremêlés de silences. C'est une erreur de nos artistes occidentaux, de vouloir occuper le spectateur sans répit. Ils le lassent. Ils l'endorment. Lautrec, qui connaissait les japonais, qui collectionnait leurs estampes, a appris d'eux, de leurs grands rectangles vides, à laisser reposer la sensibilité pour qu'elle se rafraîchisse et se renouvelle.

Et il a tracé les lignes sommaires et posé les quelques tons de la *Femme à sa toilette* avec un tel bonheur, une telle justesse, que la reproduction en noir de cette esquisse donne l'illusion d'un tableau achevé. On dirait pourtant qu'il a fait ce tableau en se jouant. Eh bien, il faut voir, dans les cartons du musée d'Albi, ses dessins, les calques de ces dessins, les calques de ces calques et les calques sur lesquels il a posé quelques touches de couleurs, ces essais sans nombre pour un seul sujet. Et le tableau du Musée de Toulouse n'est qu'une étude, préparée elle-même par une autre étude (Musée d'Albi N° 115), pour une lithographie de la série *Elles*.

Ce tableau n'est pas sans faute, certes. L'ombre sous l'avant-bras gauche est d'un ton faux qui le fait paraître sale ou ganté de gris. Mais ce n'est pas pas un défaut qui empêche une œuvre d'être belle. Et le modelé du dos est un morceau rare. Rare chez Lautrec, qui a rarement poussé « le morceau » très loin. Dans son œuvre je ne vois guère que le masque de *M. Romain Coolus* (1899, Musée d'Albi N° 138) dont le modelé puisse être comparé à celui de ce dos.

Dans la *Femme à sa toilette*, Lautrec se montre plus peintre qu'il n'a jamais été depuis son passage dans l'atelier de Cormon, depuis cette bifurcation où, devant choisir entre le dessin et la peinture, entre le trait et la pâte, entre l'épure et le beau modelé, il a commencé une série d'expériences qui n'ont jamais abouti.

D'autres que lui ont échoué dans cette entreprise : concilier un dessin expressif, un modelé savoureux et une belle couleur.

▣

Chez les très grands peintres, le dessin, qui existe, ne se sent pas.

Vermeer de Delft a pris, on dirait, à bras le corps, la matière de ses tableaux et l'a conduite avec une liberté complète.

Il est impossible, devant le portrait de la *Jeune fille à la flûte* (Collection Joseph Videner, Philadelphie), de croire que cette pâte a pour assiette un canevas de lignes précises. Je crois, au contraire, que ces masses d'ombre et ces masses de lumière se sont promenées sur le panneau, cherchant leur position définitive, avant de se fixer lentement, comme une matière en fusion se solidifie. Ah ! les lignes. A quoi auraient-elles servi sous cette lave ? L'inspiration endiguée ! Des rails pour diriger un cyclone !

Vermeer a trituré sa pâte, comme un affamé mâche les aliments, avec gourmandise. Il a réalisé une assimilation. Il a transformé la matière. Il a créé des formes, avec amour.

Manet, lui aussi, a peint avec amour de simples fruits, sur de toutes petites planchettes. Ces petites peintures sont des miracles de sensualité. Le rendu en est merveilleux.

Les peintres qui ont compris le pathétique de ces humbles choses, qui les ont aimées, ce sont les peintres bien portants, heureux : Rembrandt, Vermeer, Chardin, Manet, qui dans leur enthousiasme pour la Peinture pure n'ont pas cherché à lui faire exprimer des pensées ingénieuses ou illustrer des mots d'esprit.

Mais Lautrec n'était pas disposé à contempler une Création au milieu de laquelle il se sentait si maltraité.

Et il avait de la sympathie pour les humoristes.

Il me semble que les peintres vraiment peintres dédaignent d'attirer l'attention par quelque étrangeté et recherchent avant tout le ton juste, de même que les bons écrivains préfèrent le mot propre à l'expression ampoulée. Corot est un grand exemple de simplicité, de justesse et, par là, de force.

Quand on veut, par une vaste composition, soutenir une thèse, les objets, le rendu de leur matière, du moins, passe au second plan.

Le grand Puvis de Chavannes gardait les catalogues de Vilmorin : il y a puisé les fleurettes dont il a émaillé les prairies de ses grandes décorations.

Lautrec n'était pas paysagiste. Il restait dans son atelier, comme Rembrandt, comme Vermeer, comme Chardin, mais non pas pour les mêmes raisons. Rembrandt restait auprès de Saskia, Vermeer auprès de Catherine et Chardin auprès de Marguerite. Tous trois ont chanté dans leurs œuvres la beauté de la lumière qui entre par la fenêtre, caresse un visage, une table, une assiette, un verre, un réchaud, n'importe quoi. Ils sont heureux. Tout est beau.

Lautrec restait dans son atelier mais contraint et forcé, et avec quelle curiosité des spectacles du monde ! Il venait à une époque d'inquiétude. Manet lui-même, qui savait pourtant si bien regarder les objets tout près de lui, a fréquenté les lieux de plaisirs bruyants. Il y a apporté son observation pittoresque et, dans *Un bar aux Folies-Bergère*, toutes les natures mortes sont admirablement vues et réalisées. Elles ne valent cependant pas mieux que ses petites peintures de fruits, poires, figues, citrons. Je préfère même celles-ci. Il avait les modèles sous la main. La réalisation en est bien savoureuse. Il n'y a rien de plus « peintre » que cet art-là. Mais l'inquiétude commençait à gagner les artistes. Elle a abouti, de nos jours, à ce que nous voyons.

Tandis que Chardin se contenta du modeste appartement de la rue Princesse, donnant sur une cour mal éclairée, et y peignit ses somptueuses natures mortes et ses aimables scènes de la vie domestique, le peintre à la mode, au XXe siècle, doit posséder un hôtel particulier dans le quartier du Bois et ne l'habiter qu'une partie de l'année. Comment, en effet, rester chez soi, quand les voyages sont si faciles, et qu'on n'a que l'embarras du choix entre son hispano, son yacht, son biplan et les trains Pullmann ?

Et lorsqu'on a vu la baie de Rio-de-Janeiro, comment attacherait-on du prix à une simple pomme de nos vergers, à un grossier pichet de grès, même à un gobelet d'argent ? Remarque-t-on ce qui se voit couramment ?

Il me semble que Chardin devait se dire à chaque instant : « Je puis devenir aveugle et ne plus voir ces fruits, ces faïences, ces étains. » Et ces objets en devenaient plus précieux.

Regarder tout près de soi ! Le poète Charles Van Lerberghe a dit :

> « Mon bonheur, chantant au milieu
> Des roses et des lys, s'avance.
> Mon âme le cherchait, au lieu
> De se fleurir pour sa naissance,
> Puisque, pour l'entendre, je n'eus
> Qu'à l'écouter dans le silence ;
> Pour le voir, qu'à baisser les yeux. »

Lautrec était un mécontent. Il ne se trouvait pas bien chez lui.

Quand il n'y a pas une femme qui commande, le désordre envahit la maison.

Ce célibataire, négligent et trop occupé, se laissait submerger. Avec les toiles, les châssis, les chevalets, les escabeaux, les échelles, deux grandes tables encombraient son atelier. L'une était chargée de bouteilles, de verres, de bocaux, de tout le matériel nécessaire à la confection des cocktails. Sur l'autre étaient entassés pêle-mêle les objets de collection chers à l'artiste : chaussons de danseuses, perruques, livres anciens, autographes, vulgaires photographies et précieuses estampes japonaises. Lautrec conservait même un vieux marteau poli par l'usage, dont la matière lui paraissait magnifique.

Défense à la femme de ménage de déplacer une chaise, une draperie, un accessoire quelconque du tableau commencé.

Il ne reste plus à Lautrec qu'une petite place où s'asseoir pour peindre, au milieu de ce bric-à-brac. Aussi ne se plaît-il guère chez lui. La faiblesse de ses jambes l'y tient souvent cloîtré. Mais, un beau jour, tout d'un coup, le désir lui vient de changer d'air. Il prend sa valise, une valise en forme de saucisson, spécialement faite pour lui, sans profondeur, toute en longueur, qu'il pouvait porter à la main sans qu'elle traînât par terre. Il part pour la Hollande, où il visite des musées assez rapidement et navigue sur les canaux, avec Monsieur Maxime Dethomas.

 · Il fait un voyage en Espagne et en Portugal à bord du

« Chili » avec Monsieur Maurice Guibert et rapporte un croquis dont il tirera une affiche : *La passagère du 54 ou promenade en yacht* (1896).

Depuis 1890, il expose à « La Libre Esthétique », ce qui l'amène parfois à Bruxelles.

De 1895 à 1898, il fait quelques séjours à Londres où il est reçu par Whistler et chaperonné par Conder, ce peintre anglais qu'il a représenté à la table des *Gens chic* (1893), dans *La loge au mascaron doré* (1893) et auprès de la *Femme à sa toilette* (1896) du Musée de Toulouse.

Il préférait la croisière au voyage par chemin de fer. Pour aller à Taussat, sur le bassin d'Arcachon, ou au château de Malromé, il s'embarquait au Havre.

Cet inquiet, que son infirmité immobilisait trop souvent à son gré, n'a jamais accepté l'immobilité ni dans sa vie, ni dans son métier.

Le Musée de Toulouse expose (N° 619) une *Femme se frisant* (1890). Esquisse sur carton : d'un fond vert à peine indiqué, une chevelure rousse se détache ; elle se prolonge par quelques taches brunes et rose saumon. La camisole blanche, irisée, rappelant la teinte du fond, n'existe que vers le haut et se perd, en bas, en quelques traits marquant ses grands plis, dans le carton gris brun.

◼

Cependant la pratique de la lithographie va donner un dérivatif à ce besoin de tracer des lignes, et, en le satisfaisant, l'abolira. L'année même où il jette les touches multicolores de *Monsieur et Madame* (1895) (Planche 13), Lautrec peint par le procédé le plus calme l'admirable *Portrait de M*me *E. Pascal au piano* (Musée d'Albi N° 49) (Planche 14). Portrait très poussé. Là les hachures n'ont servi que de préparation. Elles ont amené peu à peu la teinte définitive, qui est sobre et distinguée. A la fin de sa vie, Lautrec abandonne de plus en plus le procédé de la division. Avec des frottis de blanc et de noir et quelques tons discrets, il obtient le modelé puissant du portrait de son gardien dans la maison de santé (1899, Musée d'Albi, No 6) (Planche 18). Il n'a aucun souci de procédé. Il peint très simplement, comme il peignait dans son enfance, avec plus de science (le portrait de son gardien est une œuvre achevée) mais moins de pâte : il délaye ses teintes avec de l'essence et ne retrouve plus le ragoût généreux de l'*Artilleur sellant son cheval* (1879).

Il a des retours vers la division. En juillet 1899, il s'exaspère et assemble des pétales de fleurs pour en composer le visage de *L'Anglaise du Star, au Havre* (Musée d'Albi, No 47) (Planche 19).

Puis, en 1900, il peint le portrait de Monsieur Maurice Joyant dans une barque, le fusil en arrêt, par un temps de canard (Musée d'Albi, No 50).

Du samedi au lundi, en automne ou en hiver, Lautrec accompagnait Monsieur Maurice Joyant, son plus vieil ami, à la chasse aux oiseaux de mer, en baie de Somme, au Crotoy. Tous deux en manteaux imperméables s'installaient dans une barque, M. Joyant pour tirer les oiseaux, Lautrec pour observer, noter des mouvements.

Ce beau portrait est peint avec beaucoup d'essence.

Le manteau caoutchouté est d'un ton merveilleux dans la demi-obscurité de cette sale journée. Le ciel va crever. L'attitude du chasseur attentif est impressionnante. C'est le dernier chef-d'œuvre.

Jusqu'à la fin de sa vie, et déjà touché à mort, Lautrec pensait avant tout à emmagasiner des visions en vue de monuments à édifier. Les voyages n'étaient pas pour lui le moyen de satisfaire une curiosité de désœuvré. Toutes ses impressions, toutes ses joies, il les rapportait à son Art.

Chacun rapporte les siennes à l'objet de ses préoccupations : les amoureux à la femme aimée.

Lautrec, s'il a aimé, n'a guère été payé de retour. Sa plus tendre amante fut sa peinture. Cependant, il était reconnaissant à la femme qui, à défaut de tendresse, lui offrait une bonne camaraderie.

Madame Le Margouin était la femme d'un de ses amis. Lautrec et elle avaient des caractères semblables. Lorsqu'ils causaient ensemble, c'était deux enfants qui s'amusaient. Il faut reconnaître, toutefois, qu'elle ne l'a pas inspiré. Le portrait qu'il a fait d'elle, en 1900, *La Modiste* (Musée d'Albi, N° 51), est triste. Lautrec est fatigué et cette modiste est sérieuse. Elle médite devant ses chapeaux. Elle pose : voilà de quoi mettre en fuite l'inspiration. Lautrec a fait un portrait bien sage.

Quand il indiquait, de quelques traits de pinceau, les jambes de Valentin le désossé et de la Goulue (1888, Musée d'Albi, N° 57), ces dernières étaient d'une incorrection flagrante. Qu'importe ! Elles remuent. Lautrec a fait entrer dans son œuvre les éléments de la vie : il a saisi les oiseaux au vol, les femmes et les hommes dansant.

A la fin de 1900, il assiste à une représentation de l'opéra de *Messaline*, au théâtre de Bordeaux. Il en tire quelques peintures où brillent les robes rouges des actrices dans un décor verdâtre, sur un sol lavé d'un ton plat.

En 1901, lorsque le docteur passe son examen à la faculté de médecine, Lautrec groupe en une composition académique les portraits des docteurs Fournier, Wurtz et Tapié de Celeyran : sombre et triste toile qui est au Musée d'Albi (N° 41).

Lautrec est fini.

Il vient de passer trois mois dans une maison de santé. Il est placé sous la surveillance d'un gardien qui a pour mission de l'empêcher de fréquenter les bars. Mais il trompe la vigilance du gardien. Et bientôt, se sentant usé, il va se réfugier à

Taussat, puis auprès de sa mère, au château de Malromé, où il meurt le 9 septembre 1901.

Après sa mort, une jeune femme de son monde a dit : « Je me serais bien occupée d'Henri. Je l'aurais épousé et je l'aurais empêché de boire. » Que ne l'a-t-elle fait ! Mais se serait-il accommodé de la fidélité, lui qui s'est enthousiasmé de tant de modèles rencontrés par hasard ?

Un jour, il découvre une petite chanteuse qui habitait tout près de lui. Elle lui inspire une série de lithographies. C'est *May Belfort*. Pour une barmaid du Havre il éprouve un engouement tel qu'il en interrompt son voyage. C'est *l'Anglaise du Star*. Pour *La passagère du 54* au contraire, il pousse jusqu'à Lisbonne. Au Moulin de la Galette, au Moulin-Rouge, il se fait le peintre ordinaire de la Goulue. Là, et au Jardin de Paris, il suit Jane Avril. Dans d'autres établissements de nuit, Cecy Loftus, Ida Heath, Luce Myrès...

Son père était indulgent.

A un ami zélé qui lui disait : « Henri se conduit mal. Il fréquente les mauvais lieux. Vous devriez intervenir : il y galvaude votre nom — Notre nom ! répondait le Comte, notre nom !... Le pauvre petit ! Nous devons lui être reconnaissants s'il ne nous maudit pas de l'avoir fait comme il est. »

Il n'a pas maudit ses parents. Malade, infirme, contrefait, il a connu des joies magnifiques, que les épisodes de sa triste vie ne nous révèlent pas, mais que ses œuvres et la continuité de son effort nous laissent deviner : il a vécu dans un rêve, toute sa volonté tendue vers un idéal enivrant auprès duquel les réalités de chaque jour n'ont que peu d'intérêt. Rêve exaspéré par l'alcool, hélas !

Lorsqu'il peignait *Monsieur et Madame*, sa défroque hantait les bas fonds. Pourtant, il faisait œuvre d'Art et, du fumier dans lequel ses pieds s'enfonçaient, son esprit tirait la sève dont naîtront ces fleurs harmonieuses : *Femme à sa toilette, Le petit déjeuner, Lassitude* et tant d'autres...

□

J'ai cherché à démêler dans cette existence, les péripéties qui ont troublé l'artiste, les influences qui ont modifié son Art, ou, du moins, son métier.

Je le vois, encore enfant (1879), à 15 ans, peignant d'une pâte abondante et spirituelle, comme Guardi peignit la vue de Venise qui est au Musée d'Albi ; puis, deux ans plus tard, exécutant des tableaux hippiques, à la manière de John Lewis Brown ; enfin, en 1882, campant des portraits dans un timide plein air suivant la formule de Bastien-Lepage.

Je vois le dessinateur chauffé chez Bonnat et chez Cormon, étouffant le peintre, et découvrant, dans les grands pastels de Degas (postérieurs à 1885), un procédé qui est à la fois peinture et dessin et le dispensera de l'opération ennuyeuse qui consiste à étendre de la couleur entre les lignes d'un dessin arrêté.

L'art de l'affiche, où il excelle du premier coup (1891), le ramène au procédé, plus peintre, par larges taches, mais ne le fixe pas définitivement et le laisse hésitant.

J'ai cherché à le situer parmi les peintres. Il ne faut pas lui demander les harmonies savoureuses des impressionnistes, ni même les analyses de lumière que Degas a faites dans *La répétition au foyer de la Danse* ou *Le pédicure*. Les meilleures peintures de Lautrec sont des taches bien agencées, qui jouent entre elles, sérieusement, sévèrement, amèrement, sans viser à l'illusion.

L'affiche l'amène à la lithographie. Là, dès 1893, il trouve sa voie et produit ses chefs-d'œuvre. Bien à son aise dans ce procédé, heureux de l'avoir trouvé, il dépouille toute amertune et, en célébrant la beauté, laisse apercevoir une tendresse insoupçonnée, qui l'apparente à Watteau.

NOTE BIBLIOGRAPHIQUE

Étude*s* publiées :

par Gustave Geffroy, dans *La Justice* du 19 février 1893, dans *Le Journal* du 14 janvier 1896, dans *L'Humanité* du 23 décembre 1904 et dans *La Gazette des Beaux-Arts* d'août 1914 ;

par André Rivoire, dans *La Revue de l'Art ancien et moderne* de décembre 1901 et d'avril 1902 ;

par Arsène Alexandre, dans *Le Figaro illustré*, numéro spécial d'avril 1902 et dans *Les Arts* d'août 1914 ;

par Gustave Coquiot, dans *L'Art et les Artistes* de mai 1914 ;

par Thadée Natanson dans *La Revue Blanche* du 1er octobre 1901 ;

par André Rivoire dans *La Revue de l'Art ancien et moderne* du 10 décembre 1901 et du 10 avril 1902.

Livres :

d'Esswein (Munich, 1912) ;

de Louis Aubert, *Revue de Paris*, 1910 : Harunobu et Toulouse-Lautrec ;

de Gustave Coquiot (Paris, Blaizot, 1913 et Paris, Ollendorff, 1921) ;

de Théodore Duret, (Paris, Bernheim jeune, 1920) ;

de Paul Leclercq, (Paris, Floury, 1921) ;

d'Achille Astre (Paris, Éditions Nilsson, 1926) ;

de Maurice Joyant (Paris, Floury, 1926).

Un répertoire complet de l'œuvre gravé a été donné par M. Loys Delteil dans les tomes X et XI du *Peintre graveur au* xixe *siècle.* Un répertoire complet de l'œuvre peint se trouve à la fin du *Toulouse-Lautrec* de M. Maurice Joyant.

Tout ce que je puis ajouter à ces savants travaux, c'est que le monotype mentionné par Delteil sous le N° 338 bis se trouve au musée de la Ville de Paris (Petit Palais).

TABLE DES PLANCHES [1]

1. Les photographies des œuvres reproduites dans ce volume proviennent : les planches nᵒ 1, 3, 4, 10, 11, 12, 13, 14, 18, 19, 20, 21, 22, 23, 25, de la Maison Aillaud, à Albi ; les planches nᵒ 5, 7, 9, des Ateliers Druet ; les planches nᵒ 2, 8, 17, 24, 26 à 40, des Archives Photographiques ; la planche nᵒ 15, de la Maison Laffont à Toulouse ; la planche nᵒ 6 est la reproduction d'une photographie Joyant ; la planche 16 est la reproduction d'un cliché appartenant à Mᵐᵉ Pierre Decourcelle.

PL. I. ARTILLEUR SELLANT SON CHEVAL.
ARTILLERYMAN SADDLING HIS HORSE.
ARTILLERIST BEIM SATTELN SEINES PFERDES.
ARTIGLIERE SELLANTE IL CAVALLO.
ARTILLERO ENSILLADO SU CABALLO.

PL. 2. MAIL COACH. NICE.
MAIL COACH. NICE.
MAIL COACH. NIZZA.
MAIL COACH. NIZZA.
DILIGENCIA. NIZA.

PL 4. LE JEUNE ROUTY A CELEYRAN.
YOUNG ROUTY AT CELEYRAN.
DER JUNGE ROUTY IN CELEYRAN.
IL GIOVANE ROUTY A CELEYRAN
EL JOVEN ROUTY EN CELEYRAN.

PL. 5. TÊTE DE FEMME DANS LE JARDIN DU PÈRE FOREST.
STUDY OF A WOMAN'S HEAD IN PÈRE FOREST'S GARDEN.
FRAUENKOPF IM GARTEN DES ALTEN FOREST.
TESTA DI DONNA NEL GIARDINO DEL PADRE FOREST.
GABEZA DE MUJER EN EL JARDIN DEL VIEJO FOREST.

PL. 7. REPOS ENTRE DEUX TOURS DE VALSE.
RESTING BETWEEN TWO WALTZES.
PAUSE ZWISCHEN ZWEI WALSERTOUREN.
SOSTA FRA DUE GIRI DI VALZER.
DESCANSO ENTRE DOS VUELTAS DE VALS.

PL. 8. UNE TABLE AU MOULIN-ROUGE.
A TABLE AT THE MOULIN-ROUGE.
EIN TISCH IM MOULIN-ROUGE.
UNA TAVOLA AL MOULIN-ROUGE.
UNA MESA DEL MOULIN-ROUGE.

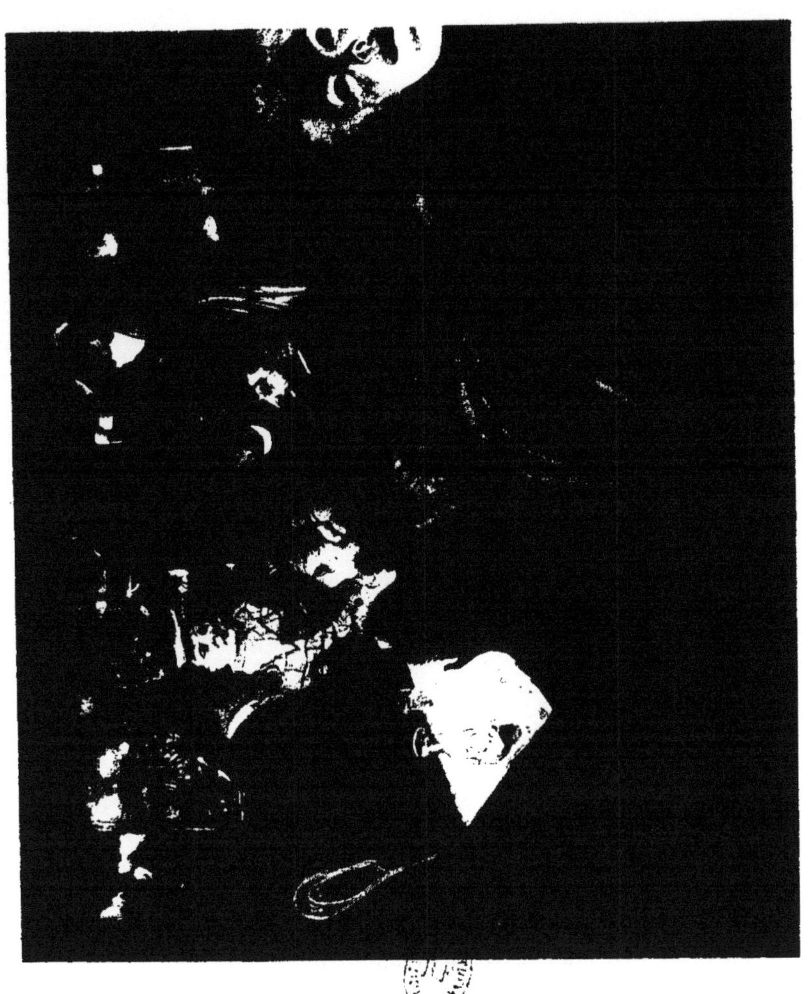

PL. 9. LA GOULUE ENTRANT AU MOULIN-ROUGE.
THE DANCING GIRL « LA GOULUE » ENTERING THE MOULIN-ROUGE.
EINTRITT DER GOULUE IN MOULIN-ROUGE.
LA GOULUE ENTRANT NEL MOULIN-ROUGE.
LA GLOTONA ENTRANDO EN EL « MOULIN-ROUGE ».

PL. 10. PORTRAIT DE M. LOUIS PASCAL.
PORTRAIT OF Mr LOUIS PASCAL.
LOUIS PASCAL'S BILDNIS.
RITRATTO DEL S^{re} LUIGI PASCAL.
RETRATO DE M. LOUIS PASCAL.

PL. 12. LE BLANCHISSEUR.
THE WASHERMAN.
DER WÄSCHER.
IL LAVANDAIO.
EL LAVADEERO

PL. 13. MONSIEUR ET MADAME.
MONSIEUR AND MADAME.
M^r ET Mme.
IL SIGNORE E LA SIGNORA.
SEÑOR ET SEÑORA.

PL. 15. FEMME A SA TOILETTE.
A WOMAN DRESSING.
FRAU AM PUTZTISCH.
DONNA ALLA TOELETTA.
MUJER HACIENDOSE LA « TOILETTE ».

PL. 16. DANSEUSE.
DANCER.
TÄNZERIN.
BALLERINA.
BAILARINA.

PL. 18. LE GARDIEN.
THE KEEPER.
DER HÜTER.
IL CUSTODE.
EL GUARDIAN.

PL. 20. CHOCOLAT DANSANT DANS LE BAR D'ACHILLE.
        THE NEGRO CLOWN « CHOCOLAT » DANCING AT ACHILLE'S BAR.
        CHOCOLAT TANZT IM BAR VON ACHILLE.
        CHOCOLAT BALLANTE NEL BAR D'ACHILLE.
        « CHOCOLATE DANZANTE » EN EL BARDE « ACHILLE ».

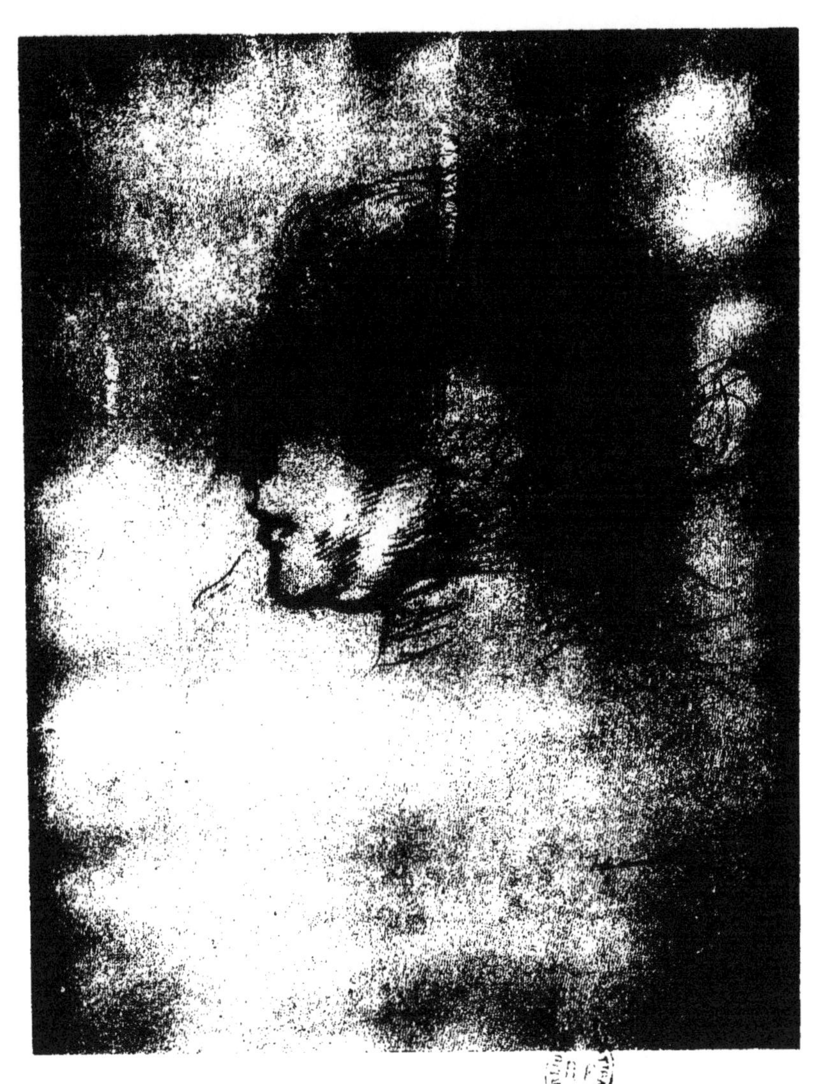

PL. 22. VENDANGES : RENTRÉE DE CHARS.
CARTS RETURNING FROM THE VINTAGE.
WEINLESE : HEIMKEHRENDE WAGEN.
VENDEMMIE : RITORNO DI CARRI.
VENDIMIAS : LLEGADO DE LOS CARROS.

PL. 24. AU CIRQUE : FOOTIT.
       AT THE CIRCUS : THE CLOWN FOOTIT.
       IM ZIRKS : FOOTIT.
       NEL CIRCO : FOOTIT.
       EN EL CIRCO : FOOTIT.

PL. 25. MOULIN-ROUGE : LA GOULUE.
THE MOULIN-ROUGE : « LA GOULUE ».
MOULIN-ROUGE : DIE GOULUE.
MOULIN-ROUGE : LA GOULUE.
MOULIN-ROUGE : LA GLOTONA.

UGE

PL. 26. AU MOULIN-ROUGE : UN RUDE, UN VRAI RUDE.
AT THE MOULIN-ROUGE : « UN RUDE, UN VRAI RUDE.
IM MOULIN-ROUGE : EIN RUDE, EIN ECHTER RUDE.
NEL MOULIN-ROUGE : UNO RUDE, UNO VERO RUDE.
EN EL « MOULIN-ROUGE » : UN RUDO, UN VERDADERO RUDO.

PL. 28. A L'OPÉRA : Mme ROSE CARON DANS « FAUST ».
AT THE OPÉRA : Mrs ROSE CARON IN « FAUST ».
IM OPERNHAUS : FRAU ROSE CARON IM « FAUST ».
NEL'OPERA : LA SIG^{ra} ROSA CARON NEL « FAUST ».
EN LA OPERA : Mme ROSE CARON EN « FAUSTO ».

PL. 34. LENDER DANSANT LE PAS DU BOLÉRO DANS « CHILPÉRIC ».
Mlle LENDER DANCING THE BOLERO IN « CHILPERIC ».
LENDER TANZT DEN BOLEROTANZ IN « CHILPÉRIC ».
LENDER BALLANT IL PASSO DEL BOLERO NEL « CHILPÉRIC ».
LENDER BAILANDO EL PASO DEL BOLERO EN « CHILPÉRIC ».

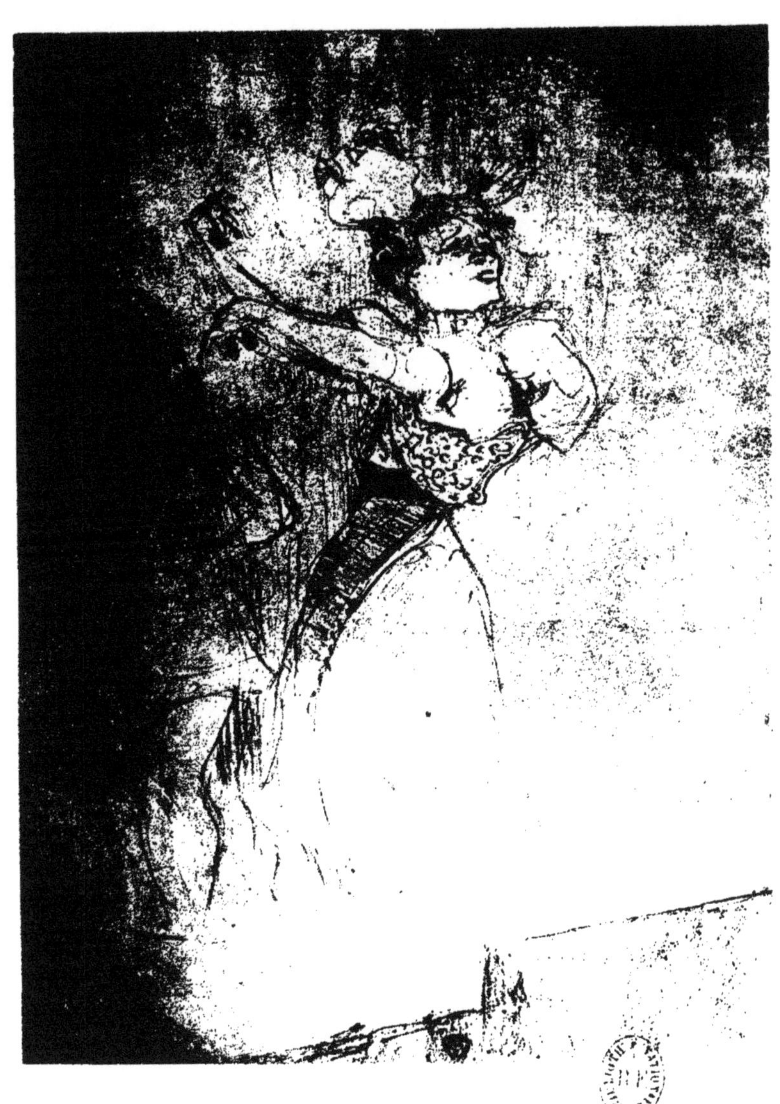

PL. 35. LENDER ET AUGUEZ CHANTANT LA CHANSON DE FORTUNIO.
Mlles LENDER AND AUGUEZ SINGING FORTUNIO'S SONG.
LENDER UND AUGUEZ SINGEN FORTUNIO'S LIED.
LENDER E AUGUEZ CANTANTI LA CANZONE DI FORTUNIO.
LENDER Y AUGUEZ CANTANDO LA CANCION DE FORTUNIO.

PL. 36. MISS IDA HEATH.

PL. 37. LE SOMMEIL.
       SLEEP.
       DER SCHLAF.
       IL SONNO.
       EL SUENO.

PL. 38. ELLES : LASSITUDE.
SHES : WEARINESS.
SIE : MÜDIGKEIT.
ESSE : STANCHEZZA.
ELLAS : LASITUD.

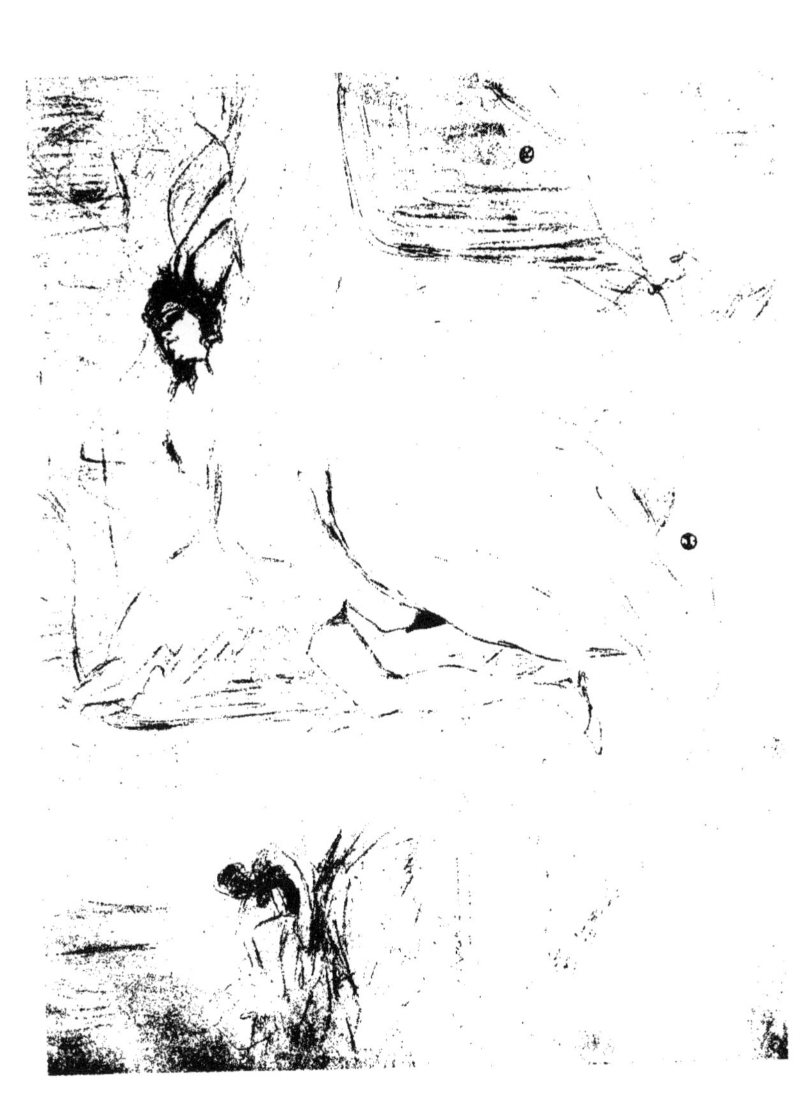

5 avenue Frochot

Henri de Toulouse Lautrec sera très flatté si vous voulez
bien accepter une tasse de lait le samedi 15 Mai
vers 3 heures et demie après midi